〈頻出ランク付〉
昇任試験シリーズ **1**

憲法101問

【第1次改訂版】

地方公務員昇任試験問題研究会 編

JN204659

学陽書房

第 1 次改訂にあたって

平成 30 年 5 月で日本国憲法は 71 周年を迎えました。改憲を
めぐる動向は慌ただしさを増しています。これを機会に，23
年を経過した本書も全面見直しを図り，第 1 次改訂版として発
刊することとしました。

今改訂では，①安全保障法制にとって転換期となる集団的自
衛権容認問題，②選択的夫婦別姓制度の導入問題など男女平等
の法的実現状況，③集会の自由・公の施設での表現の自由で合
憲性が争われた事件での主な判例など，今日的テーマである新
規作成の設問を加え，全体にわたって設問・解説の選択肢の見
直し・修正を図りました。

平成 7 年に誕生した本書は，受験者の方々が短期間に，最少
限の労力で，自治体職員として知っておくべき事柄をマスター
できることを狙いとして，次のような特徴をもっています。

○東京都及び東京 23 特別区，大阪府，埼玉県，札幌市，横浜
　市，神戸市などで実際に出題された昇任試験問題をもとに，
　試験突破のための必須 101 問を厳選収録した。

○ 101 問の中でも，出題頻度の高い順に，★★★，★★，★の
　三段階のランクを付けてあるので，時間のない時など，頻度
　の高いものから学ぶと効果的である。

○五肢択一の問題を左頁に，各肢に対応する解説を右頁に，で
　きるだけ条文，判例，実例を掲げるように努めた。

○難しい用語にはフリガナを，重要な語句には解説を施してあ
　るので，辞典や参考書を見る手間が省略できる。

○「正解チェック欄」を設けてあるので，一度当たって解けな
　かった問題をチェックしておけば，試験直前の再学習に便利

である。

仮に最高裁の憲法解釈が，理論上妥当でないものであっても制度上は正しいものとみなされ自治体職員の職務遂行を拘束することになります。本書では，自治体職員に関わりのある判例を引用していますので，自らの価値判断との比較により，昇任試験を超え学ぶべき点も多いと考えます。

学ばなければいけないことの多い受験者にとって，本書は，短い時間で効果の上がる問題集として非常に有効であると確信します。

受験者各位が本書をフルに活用し，難関を突破されることを期待しています。

　　　平成 30 年 6 月

　　　　　　　地方公務員昇任試験問題研究会

憲法 IOI 問・目次

国民の義務

国　　会

内　　閣

司　　法

財　　政

地 方 自 治

憲法の改正

最 高 法 規

憲法 IOI 問

Q 1 わが国の憲法の性質

★

わが国の憲法（日本国憲法）の性質として，正しいものは次のどれか。

1 君民協約，軟性憲法

2 欽定，軟性憲法

3 民定，硬性憲法

4 欽定，硬性憲法

5 民定，軟性憲法

正解チェック欄	1回目	2回目	3回目	**A**

　憲法制定者及び制定の手続や形式の相異に応じて分類すると，憲法には次の四種類がある。

(1)　**欽定憲法**　君主主権の思想に基づき，君主が単独で制定するもの，1814年のフランス憲法（ルイ18世の憲法）や，明治22年の大日本帝国憲法（明治憲法）はこれに該当する。

(2)　**民定憲法**　国民主権の思想に基づき，国民が，直接に，またはその代表者を通じて制定するもの，現行憲法はこれに該当する。また，このような方法で制定された憲法は多く共和制を採っている。アメリカ諸州の憲法や，1946年のフランス第4共和国憲法などがある。しかし，まれには君主制を採るものもある。1791年のフランス憲法や，1831年のベルギー憲法などがそれである。

(3)　**君民協約憲法**　君主主権と国民主権との妥協に基づき，君主と国民との契約によるもの，1830年のフランス憲法（ルイ・フィリップの憲法）はこれに該当する。

(4)　**条約憲法**　多数の国家が連邦を組織する場合に，それらの合意によって制定されるもの，1787年のアメリカ合衆国憲法や，1871年のドイツ帝国憲法などがこれに該当する。

　次に**硬性憲法**とは，普通の法律に比べてとくに慎重な改正手続を必要とする憲法をいう。人権保障のような国の政治の重要なルールは，形式的意味の憲法に規定し，安易な改正から保護しようとするのである。普通の法律と同様の手続で改正できる憲法を**軟性憲法**という。

　成文憲法の大部分は硬性である。不文憲法の国では，その憲法は軟性であるが，1848年の旧イタリア王国憲法のように，まれには成文憲法で軟性のものもある。

　わが国の**明治憲法**（大日本帝国憲法，明治22年2月11日公布，23年11月29日施行）も，**現行憲法**（日本国憲法，昭和21年11月3日公布，22年5月3日施行）も，ともに**硬性**である（96条）。

正解　**3**

Q 2 新たな憲法の制定

★★

現行の日本国憲法は，形式的には明治憲法の改正という形で成立したが，実質的には単なる改正ではなく新たな憲法の制定であるという見解がある。この見解の主たる根拠といわれているのは，次のどれか。

1 改正手続が，従来の帝国議会の議決を経ることなく，新たに召集された民選の憲法議会の議決によったから

2 日本国憲法が，基本的人権として従来の自由権に加えて，新たに生存権をはじめとする社会権を保障しているから

3 明治憲法が皇室典範に憲法と同等の形式的効力を認めていたが，日本国憲法が日本の成文法のうちで最も強い形式的効力を有することとなったから

4 ポツダム宣言の受諾によって日本の領土が縮小され，憲法の施行される地域に大きな変更があったから

5 ポツダム宣言の受諾によって天皇主権から国民主権へと転換し，国民が自己のもつ憲法制定権に基づいて定めたものであるから

| 正解チェック欄 | 1回目 | 2回目 | 3回目 | **A** |

わが国が昭和 20 年（1945 年）8 月 15 日の**ポツダム宣言**の受諾により，君主主権から国民主権への基本原理の転換が行われ，明治（大日本帝国）憲法 73 条は，形式的にはともかく，改正規定としての資格を実質上失い，天皇は憲法制定権者としての地位から退いたものと考えられる。

昭和 21 年 11 月 3 日公布され，昭和 22 年 5 月 3 日施行された現行憲法は，国民が国民主権の原理によって，あらたに認められた憲法制定権に基づき，その代表者を通じて制定した民定憲法である。

つまり両憲法のあいだには，主権の所在が天皇から国民に移るという根本的な変革があるわけである。したがって，新憲法制定行為を，明治憲法 73 条による改正行為として，明治憲法と現行憲法とのあいだに法的な連続性をもたせることは，基本原理が異なる以上，法的には無理だということになる。かくして，日本国憲法の成立は，**まったく新しい憲法の制定**といっていいのである。

大日本帝国憲法は，国家意思の最終的決定権が君主にあるという国家原理であり，明文規定はないものの，統治権を行使する最終決定者という意味での主権が「君主である天皇にある」ことは明白であった。

| 正解 | 5 |

ポツダム宣言

日本は 1945 年（昭和 20 年）8 月 14 日夜，英・米・中国が出したポツダム宣言を受諾し，連合国（軍）に降伏して，戦争は終了した。ポツダム宣言は 9 月 2 日の降伏文書の中にとり入れられている。13 項目のうち特に後半の 6 項目以下が重要なものとされ，軍国主義的権力及び勢力の除去（6 項），戦争能力の破壊と新秩序成立までの日本占領などが記されている。いずれにしても，この宣言により，「日本国民の自由に表明せる意思に従い平和的の傾向を有し且つ責任ある政府が樹立」されるべきであるとしている。

Q 3 憲法前文

★★★

憲法の前文についての記述として正しいのは，次のどれか。

1 　前文は天皇が憲法を法定の手続により制定し公布することを宣言するために，憲法の前に附されたものであり憲法の構成部分ではない。

2 　前文は憲法本文の解釈の基準を示すとともに，憲法の根本規範を規定し，憲法改正を含めてすべての将来の立法を拘束する法的限界を述べたものである。

3 　前文は憲法を制定するに至った由来，すなわち日本国民がこの憲法を制定したという歴史的事実を述べたものであり，何ら法的原理を述べたものではない。

4 　前文は憲法における統治機構の基本原理，すなわち三権分立制について述べたものであり，この原理に反する一切の立法を排除するという法的効力を有する。

5 　前文は憲法における基本原理のうち国際平和主義と基本的人権の尊重を述べ，憲法本文の解釈の指針を示すものであるが，民主主義の原理については必ずしも明らかに述べていない。

　前文は，憲法の諸規定を貫く基本的原理を宣言したものである。第一段においては，**主権が国民に存すること**，日本国憲法が主権者である国民の意思に基づいて制定された民定憲法であることを述べている。それと関連させながら，「自由のもたらす恵沢」の確保と「戦争の惨禍」からの解放という人権と平和の二原理をうたい，そこに日本国憲法制定の目的があることを示している。そして人類普遍の原理である民主主義を基本的建前とすることが明らかにされている。

　第二段においては，永久平和主義の原理が，第三段においては，国際協調主義と普遍的な国際政治道徳に従うべきことが宣言されている。そして前文一項は「われらは，これに反する一切の憲法・法令及び詔勅を排除する」として，それらの原理が憲法改正によっても否定することができない旨を明らかにしている。つまり，この規定は，憲法改正に対して法的限界を画し，憲法改正権を法的に拘束する規範であると解される。

　以上のように，前文は憲法の諸基本原理を宣言しているので，憲法法規としての実質をもっており，すべて既存の法令の解釈の基準となるばかりか，**憲法改正を含めて将来の立法を拘束する法的限界**とみなされるべきものである。

　前文は，単なる憲法解釈の基準が示されているばかりでなく，**最も根本的な法規範そのもの**が含まれているとみるべきである。

1　誤り。前文は憲法の構成部分である。
2　正しい。上文の説明の通り，憲法の根本規範を規定し，立法を拘束する法的限界を述べたものである。
3　誤り。単なる歴史的事実の記述に止まらず，法的効力をもつ。
4　誤り。三権分立制については，直接にはとりあげていない。
5　誤り。民主主義の原理と国際平和主義については述べているが，基本的人権の尊重については直接的には触れていない。

正解　2

Q 4 憲法の基本原理

★★★

憲法の基本原理である国民主権に関する記述として正しいのは，次のどれか。

1 国民主権の原理は，憲法には明示されていないが，憲法以前の自然法思想に基づく人類普遍の原理であるから，当然に憲法の基本原理であるとされている。

2 国民主権といわれる場合の主権とは，国家において統治する権力すなわち国権又は統治権という意味ではなく，国の統治について最高又は最後の決定権という意味である。

3 国民主権の原理は，統治の原理，理念ではなく，現実に政治を動かす力が直接国民にあることを明らかにしたものであり，憲法は国民の意思が間接に政治に反映されることを予定していない。

4 国民主権といわれる場合の主権とは，国家の権力に属する性質としての独立性を意味し，憲法の前文に「自国の主権を維持し」といっている場合の主権がそれにあたる。

5 国民主権の原理は，近代立憲主義諸国の憲法に広く採用され，明治憲法の基本原理の一つであった。それは明治憲法の下での国家意思も事実上，国民の承認と支持によって実現されていたことにみられる。

正解チェック欄	1回目		2回目		3回目		Ⓐ

1 誤り。国民主権の原理は，「ここに主権が国民に存することを宣言し，この憲法を確定する」と憲法前文において宣言されている。1条においても「天皇は，日本国の象徴であり日本国民統合の象徴であって，この地位は，主権の存する日本国民の総意に基く」と規定され，憲法全体を貫く基本原理となっている。

2 正しい。**国政の最高の決定権としての主権**とは，国の政治のあり方を最終的に決定する力または権威という意味である。その力または権威が君主に存する場合が君主主権，国民に存する場合が国民主権と呼ばれる。憲法前文1項で「ここに主権が国民に存することを宣言し」という場合の主権，及び1条で「主権の存する日本国民の総意」という場合の主権がこれにあたる。

3 誤り。憲法は，国民の意思が間接的に政治に反映されることを予定して制定されている。

4 誤り。**主権の概念**は次のような異なる各種の意味をもっている。①国家における最高の意思を決定することができる力，すなわち君主主権または**国民主権**（前文1項，1条にいう主権）という場合。②対外的に独立でいかなる国の意思にも服従しないこと，すなわち主権国家という場合のそれである（前文3項）。③対内的に最高であること。④国家のもつ権利，すなわち立法権・行政権・司法権を総称する統治権とほぼ同じ意味で，憲法41条にいう「国権」がそれにあたる。設問の場合は上記の①にあたる。

5 誤り。明治憲法の基本原理は**天皇主権主義**である。

正解	2

Q 5 国民主権主義

★★

次は，日本国憲法の条文または条文の主旨を記述したもので
あるが，国民主権主義が最も明確に示されているのはどれか。

1 すべて国民は，法の下に平等であり，かつ個人として尊
重される。

2 内閣総理大臣は国会の議決で指名する。

3 すべて公務員は，全体の奉仕者であって，一部の奉仕者
ではない。

4 憲法の改正は，最終手続として国民の承認が必要であ
る。

5 すべて国民は財産権が保障される。

| 正解チェック欄 | 1回目 | 2回目 | 3回目 | **A** |

　国民主権主義とは，国の政治のあり方を最終的に決定する力が一般国民にあるという原理である。大日本帝国憲法では「大日本帝国ハ万世一系ノ天皇之ヲ統治ス」（1条），「天皇ハ国ノ元首ニシテ統治権ヲ総攬シ……」（4条）として，主権が天皇にあることを明記していた。

　一方，日本国憲法はその前文で「主権が国民に存すること」を宣言し，続いて「そもそも国政は，国民の厳粛な信託によるものであって，その権威は国民に由来し，その権力は国民の代表者がこれを行使し，その福利は国民がこれを享受する」と述べており，さらに「主権の存する日本国民」（1条）と定めていることから，国民主権を採用していることが明らかである。そしてこれは「人類普遍の原理」であり，それゆえ，この原理に反するあらゆる憲法は排除されるべきことを意味する。

　そして，憲法96条1項「この憲法の改正は，各議院の総議員の3分の2以上の賛成で，国会が，これを発議し，国民に提案してその承認を経なければならない。この承認には，特別の国民投票又は国会の定める選挙の際行われる投票において，その過半数の賛成を必要とする」が，憲法前文や1条とともに最も国民主権主義を的確に示したものといえる。

　つまり，肢4のように**国家の基本法のあり方を国会だけでなく，国**民の意思に最終的に委ねるのは**国民主権の直接的表現**である。

| 正解 | 4 |

Q | 6　天皇の地位

★

　日本国憲法における天皇の地位に関する記述として正しいの
は，次のどれか。

1　天皇が象徴であるということの意味は，主権者である国
　民を代表する地位を指すものであって，国民と天皇との同
　質性，一体性を法律的に表現したものにほかならない。

2　天皇の国事に関する行為は，天皇の象徴としての地位か
　らくるものではなくて，憲法が国家機関としての地位にあ
　る天皇に特に授権した権能であるとされている。

3　天皇が象徴であるのは，その地位が世襲であって伝統的
　権威をもち国家を代表する地位にあるからであって，この
　意味で日本国の元首又は君主であることをも意味している
　と解されている。

4　象徴としての地位に必然的に伴う法律的効果としてその
　神聖不可侵性があげられるが，天皇がその国事に関する行
　為に対して責任を負わないのはその効果の具体的現われで
　ある。

5　天皇の地位は主権の存する国民の総意に基づくものであ
　るが，ここにいう地位は国家機関としての地位を指し，象
　徴としての地位は憲法改正によっても変更することはでき
　ない。

| 正解チェック欄 | 1回目 | 2回目 | 3回目 | Ⓐ |

1　誤り。天皇は，日本国の象徴であり，**日本国民統合の象徴**である（憲法1条）。象徴にすぎないもので，日本国民の代表ではない。また，天皇は，「国政に関する権能を有しない」（憲法4条1項）ので，「主権者としての国民」の中には含まれない。まして，国民と天皇との同質性，一体性を法律的に表現したものでない。

2　正しい。天皇は，ⓐ象徴としての地位と，ⓑ国家機関としての地位と，ⓒ私人としての地位とをもっている。**国事行為**は，天皇が国家機関としての地位において行う行為であるとされる。

　　憲法は天皇に対し政治的機能は否定しながら，全く無権能とせず，実質的には意味をもたない国事行為を行うこととしたのは，①何らかの行為が割当てられることにより，天皇という地位を設けたのが無意味にならないように，②天皇により行われることによって重々しさや権威が増すなどが考えられる。

3　誤り。**天皇の地位の継承**については，憲法2条が，「皇位は，世襲のものである」と規定する。世襲制は，本来，民主主義の理念および平等原則に反するものである。が，日本国憲法は天皇制を存置するために必要と考え世襲制を規定している。また，生まれによる差別を禁止する憲法14条の例外を設けている。

　　元首とは，統治権，少なくとも行政権を担任する国家の首長であって，外国に対し国家を代表する地位に在る者をいう。現憲法では，天皇は元首ではない。

　　一方，君主は，①その地位が世襲で伝統的な権威を伴うこと，②統治権，少なくとも行政権の一部を有することなどが，主要な要件とされる。②の点から，現憲法上，天皇は君主ではない。

4　誤り。天皇がその国事に関する行為に対して責任を負わないのは，すべて内閣が実質的に行うということを意味している。

5　誤り。象徴としての地位は憲法の改正により，その法的基礎を失えば，天皇の象徴である地位は消滅することになる。

| 正解 | 2 |

Q 7 天皇の行為

★

　天皇の行為に関する記述として通説において妥当なのは，次のどれか。

1　天皇の行為は，その地位に応じて公的行為と私的行為とに区分できるが，いずれに対しても内閣の助言と承認が必要とされる。

2　天皇の国事行為には，国政に関する権能の行使としての行為と形式的儀礼的行為とがあり，前者のみが内閣の助言と承認を必要とする。

3　天皇の私的行為については，天皇自身の責任としての民事責任を問うことができるが，刑事責任を問うことはできない。

4　天皇の国会の開会式における「おことば」は，内閣の助言と承認を必要としない唯一の国事行為である。

5　天皇は，内閣の承認を得た場合であっても，自らなした国事行為に基づく第三者の損害に対しては，賠償責任を負う。

　天皇の行為には，①国事に関する行為と，②国事に関する行為以外の行為（ⓐ私人としての行為，ⓑ国事に関する行為以外の公的な行為）とがある。国事行為としては，国会の指名に基づく，内閣総理大臣の任命など（憲法6条）や内閣の助言と承認に基づく憲法改正，法律，政令，条約の公布など（憲法7条）であり，非権力的・非政治的であり，したがって形式的・儀礼的な性質の行為であるとされている。国事に関する行為は国家機関としての天皇の行う公的な行為であるが，たとえば日常生活での散歩など，天皇が純然たる私人の立場においてできうる行為である。私的な行為であるから，内閣の助言と承認は必要とせず，したがって内閣が責任を負わない。天皇には，国事行為や私的行為のほか，たとえば，天皇が国会の開会式に臨んで「おことば」を述べる行為や，天皇が公的に外国を訪問したり，外国の元首と親書を交換する行為など「**国事に関する行為以外の公的な行為**」がある。これらを象徴としての地位に基づく公的行為として認め，国事行為に準じて内閣のコントロールが必要だと解されている。

1　誤り。天皇の純粋な私的行為（避暑避寒・生物収集・スポーツ観覧・芸術鑑賞など）は，内閣の助言と承認を必要としない。

2　誤り。天皇は憲法に定める国事に関する行為のみ行い，国政に関する権能を有しない（憲法4条1項）。

3　妥当。天皇の私的行為については，民事上の責任は問われる。が，皇室典範21条が摂政について，在任中訴追を受けないことから類推して，刑事上の責任を訴追されない。

4　誤り。国会の開会式における「おことば」は，国事行為ではなく，天皇の象徴たる地位から認められる公的行為である。したがって，単独で行い得ると解することは適当でなく，憲法3条の趣旨から内閣の関与と統制の下に行わさせるべきものと解されている。

5　誤り。天皇は，国事に関する行為については責任を負わない。

正解　3

Q 8　天皇の国事行為

★★★

憲法に定める天皇の国事行為に関する記述として妥当なのは，次のどれか。

1　天皇の国事行為は，天皇が日本国の象徴であり日本国民統合の象徴であることから認められるものであり，国事行為の全部又は一部を委任することは許されない。

2　天皇の国事行為は，内閣の助言と承認により行われるが，栄典の授与や外国の大使及び公使の接受のような儀礼的な行為にすぎないものについては，内閣の助言と承認を必要としない。

3　天皇の国事行為は，内閣の助言と承認により行われるが，天皇は必ずしもこれに拘束されるものではなく，天皇の意思に反する場合には，これを拒否することができる。

4　天皇の国事行為は，内閣の助言と承認により行われるものであり，国事行為が違法又は不当である場合には，内閣がその責任を負い，天皇はいかなる責任も負わない。

5　天皇の国事行為は，天皇に国家機関としての地位が認められていることに基づくものであり，国務大臣の任命に天皇の認証を欠く場合には，その任命行為は無効となる。

正解チェック欄	1回目	2回目	3回目	

1　誤り。天皇の権能の代行制度として，憲法5条に基づく**摂 政**（せっしょう）（天皇の代理機関，成年に達した皇太子。皇位と異なり，女子（皇后等）もこれに就任することができる）のほか，4条2項は国事行為の委任を認めている。

2　誤り。栄典の授与や外国の大使及び公使の接受は，それぞれ憲法7条7号及び9号に定められた国事行為のひとつである。憲法3条は天皇の国事行為すべてに内閣の助言と承認が必要であると定め，7条には重ねて助言と承認が必要である旨規定されている。

3　誤り。憲法4条は天皇が国事行為を行うにあたり，政治上の権能を有しないことを定める。すなわち，国事行為の内容について天皇は実質的な決定権をもたず，内閣の助言と承認を拒否することはできない。

4　妥当。憲法3条は天皇の国事行為について，「内閣が，その責任を負ふ」と規定している。これは天皇の国事行為につき，すべて内閣が責任を負い，天皇自身は責任を負わないことを意味する。内閣は究極的には国民に対して，直接的には国民を代表する国会に対して責任を負う。

5　誤り。**憲法7条に定める天皇の認証**は，事実の存在に対する認識の表明と解されている。つまり認証とは行為の存在又は成立を確認し，公に証明する行為であるが，効力発生の要件に関係のない形式的行為である。したがって天皇の認証を欠く場合にも，その任命行為は無効とならない。

正解　4

Q 9 戦力とは

★★

憲法第9条の解釈に関して，最高裁判所の見解として正しいのは，次のどれか。

1 本条は，わが国がその平和と安全を維持するために，他国に安全保障を求めることを禁じたものである。

2 本条が，その保持を禁止した戦力とは，わが国がその主体となって，これに指揮権，管理権を行使し得る戦力のことである。

3 本条は，わが国が主権国としてもつ固有の自衛権をも否定するものである。

4 本条が，その保持を禁止した戦力には，外国の軍隊を含むものであるから，外国の軍隊の駐留は違憲の疑いがある。

5 本条は，自衛戦争は無論のこと，自衛のための戦力の保持をも禁じたものであり，無防備，無抵抗を定めたものである。

| 正解チェック欄 | 1回目 | 2回目 | 3回目 | Ⓐ |

　1951（昭26）年9月，対日平和条約とともに「日本と米国との間の安全保障条約」(旧日米安保条約)が締結され，翌年4月に発効した。

　この条約の締結によって，憲法9条と駐留米軍との関係が問題となり，また日本の自衛力の漸増（ぜんぞう）が政治の課題となるに至った。政府は，9条2項は「日本政府あるいは日本国の軍備を禁止したもの」で，外国軍隊の日本駐留の禁止にまでは及ばないとしていた（1951年10月20日，参議院平和条約・安保条約特別委）。この見解は，やがて最高裁判所のとるところとなる（最大判昭34.12.16砂川事件）。

1　誤り。日米安保条約と憲法9条についての砂川事件最高裁判決では，「憲法9条は，わが国がその平和と安全を維持するために他国に安全保障を求めることを，何ら禁止するものではないのである」としている。

2　正しい。日米安保条約と憲法9条についての砂川事件最高裁判決では，「9条2項がいわゆる自衛のための戦力の保持をも禁じたものであるか否かは別として，同条項がその保持を禁止した**戦力とは，わが国がその主体となってこれに指揮権，管理権を行使し得る戦力**というものであり，……」と判示している。

3　誤り。同上の砂川判決で，「憲法9条は，戦争を放棄し，いわゆる戦力の保持を禁止しているのであるが，しかし，もちろんこれによりわが国が主権国としてもつ固有の自衛権は何ら否定されたものではなく，わが憲法の平和主義は決して無防備，無抵抗を定めたものではないのである」としている。

4　誤り。上記2の判決文にひきつづき，「9条2項がその保持を禁止した戦力とは……，結局わが国自体の戦力を指し，外国の軍隊は，たとえわが国に駐留するとしても，ここにいう戦力には該当しないと解すべきである」とある。

5　誤り。上記3の判決文に続き，「わが憲法の平和主義は決して，無防備，無抵抗を定めたものではないのである」とある。

| 正解 | 2 |

Q 10 安全保障関連法と集団的自衛権

★★

　次は近時改正や新設された安全保障関連法である。このうちいわゆる集団自衛権が規定された法律はどれか。

1　自衛隊法

2　国際平和協力法（国際連合平和維持活動等に対する協力に関する法律（PKO協力法））

3　重要影響事態安全確保法（重要影響事態に際して我が国の平和及び安全を確保するための措置に関する法律）

4　事態対処法（武力攻撃事態等及び存立危機事態における我が国の平和と独立並びに国及び国民の安全確保に関する法律）

5　国際平和支援法（国際平和共同対処事態に際して我が国が実施する諸外国の軍隊等に対する協力支援活動等に関する法律）

正解チェック欄	1回目	2回目	3回目		A

　近時，安全保障関連法と集団自衛権に係る主な改正法と新設法は以下の通りである。

1　非該当（改正法）。自衛隊法の改正により，平時の米艦防護，米軍等への物品役務の提供・武器等の保持，邦人の輸送に加え，米軍等を救護できる「駆けつけ警護」も可能となった。

2　非該当（改正法）。国際平和協力法の改正では，必要な場合に限っての武器使用の権限が拡充されたほか，国連主体の国際平和（PKO）とは別枠組での自衛隊の派遣が可能となった。

3　非該当（改正法）。周辺事態法が重要影響事態安全確保法に改正され地域的な制約が取り除かれた。後方支援の対象も他国軍隊にまで拡張され，弾薬の提供や航空機への給油も可能となった。

4　該当（改正法）。今回の安保法制で多くの議論を引き起こした事態対処法の改正では，存立危機事態において限定的な集団的自衛権の行使が認められた。**存立危機事態**とは「我が国と密接な関係にある他国に対する武力攻撃が発生し，これによりわが国の存立が脅かされ，国民の生命，自由及び幸福追求の権利が根底から覆される明白な危機がある」こと。自衛権の発動要件を変更した国際平和支援法では，閣議決定と国会の事前承認で自衛隊派遣が可能になった（肢5参照）。**自衛権の発動要件**について従来①日本への武力攻撃の発生，②これの排除に他の適当な手段がない，③必要最小限度の実力行使に留める，の3要件（旧3要件）があった。**集団自衛権**はこれらの要件を満たさなかったが，事態対処法の改正により存立危機事態の要件が旧3要件の①に代わり，限定的ではあるが集団的自衛権の行使が可能となった。

5　非該当（新設法）。国際平和支援法は，自衛隊を海外に派遣する必要が生じた時，従来はテロ対策特措法やイラク特措法という限時法（特別法）で対応していたが，「恒久法」として内閣決定により派遣可能とするために新たに制定された。

正解	4

Q 11 「武力行使が許容される」新要件

★★

　平和安全法制と憲法の関係について述べた次のうち，日本政府の定義上「武力行使」が許容されるのはどの要件（新要件）が満たされる場合か。その適切な組み合わせはどれか。

A　わが国に対する武力攻撃が発生したこと，またはわが国と密接な関係にある他国に対する武力攻撃が発生し，これによりわが国の存立が脅かされ，国民の生命，自由及び幸福追求の権利が根底から覆される明白な危険があること

B　これを排除しわが国の存立を全うし，国民を守るために他に適当な手段がないこと

C　必要最小限度の実力行使にとどまるべきこと

D　わが国に対する急迫不正の侵害があること。すなわち武力攻撃が発生したこと

E　これを排除するために他の適当な手段がないこと。必要最小限度の実力行使にとどまるべきこと

　　1　AB

　　2　ABC

　　3　ABCD

　　4　ACD

　　5　すべて適切

| 正解チェック欄 | 1回目 | 2回目 | 3回目 | Ⓐ |

　日本政府の定義上，**集団的自衛権**とは，密接な関係にある他国に対する武力攻撃を自国が攻撃されないにもかかわらず，攻撃されたものとみなして，他国の防衛のために実力をもって阻止する権利であるとされる。集団的自衛権は国連憲章により明文化された国際法上の権利であり，比較的新しい概念である。

　自衛権（**個別的自衛権**）の発動要件について従来の政府見解は，①日本に対する急迫不正の侵害（武力攻撃が発生したこと）②これを排除するために他に適当な手段がないこと③必要最小限度の実力行使にとどまるべきこと，の3つであった（旧3要件）。集団的自衛権はこれらの要件を満たしていないため，政府は一貫して，日本は集団的自衛権を有しているものの行使できないとの立場をとってきた。しかし，事態対処法の改正により，上記の存立危機事態の要件が旧3要件にとって代わり，限定的ではあるが，集団的自衛権の行使が可能となった（新3要件：選択肢A・B・C）。

　このような**集団的自衛権の行使の容認**は，半世紀以上維持してきた政府見解について具体的説明責任を果たさず憲法解釈を変更しており，法的安定性が害されているといえる。また「存立危機事態」や「明白な危険」の具体的な場面が政府により明確に説明されていない。最終的に「危険」の基準は，為政者の主観に依拠してしまう。

　憲法の解釈変更により，集団自衛権の限定的な行使を可能にした安全保障関連法の施行が2019年3月29日で3年になる。日本と密接な関係にある他国への攻撃により日本の存立が脅かされる「存立危機事態」での集団的自衛権の行使を認めたほか日本の平和と安全に重要な影響を与える事態なら世界中で米軍などの後方支援が可能になるなど，自衛隊の任務が拡大。平成29年5月には初めて米艦防護が実施されるなど，安保法に基づく任務が本格化しつつある一方で，いまでも安全保障関連法の廃止を訴える活動が主要都市で見られる。

| 正解 | 2 |

Q 12 現行憲法と明治憲法との相違点

★★

　基本的人権の保障に関する現行憲法と明治憲法との相違点として正しいのは，次のどれか。

1　現行憲法は基本的人権を，憲法制定以前から人間が人間であることのみに基づいて，当然享有すべき権利として保障している。

　明治憲法では，それは天皇によって恩恵的に臣民に与えられたものという建前がとられていた。

2　現行憲法は行政権によってはもちろん，原則として立法権による基本的人権の制限も禁止している。

　明治憲法では，一般的に行政庁による命令で基本的人権を制限することが可能であった。

3　現行憲法は自由権，参政権および社会権を保障しているが，国民の義務については何ら規定していない。

　明治憲法では，自由権，参政権および臣民の義務について定めていたが，社会権については全く規定していなかった。

4　現行憲法は行政権による基本的人権の侵害に対しては，行政訴訟において概括主義を認めることにより，広く救済の道を開いている。

　明治憲法では，全くその侵害を訴訟で争う道がなかった。

5　現行憲法は基本的人権を憲法自身の規定によって創設し，その実質的な保障はすべて法律に委任している。

　明治憲法では，基本的人権は外見的に宣言されたにとどまり，その保障が形骸化する危険が内包されていた。

正解チェック欄	1回目	2回目	3回目	

1　正しい。日本国憲法は，基本的人権を憲法以前から存在する権利として把握しており，その第3章で，**多数の権利や自由を「基本的人権」として保障し**，それらを「侵すことのできない永久の権利」であると宣言している（11条，97条）。

　　明治憲法も立憲主義（国家は国民生活にみだりに介入すべきではない）憲法として一定の範囲の権利保障を行ってはいたが，その実態は，天皇から与えられた「臣民権利」であって，今日の基準からみれば，権利というよりは恩恵という方がふさわしいものであった。なお，明治憲法の上諭には，「朕はわが臣民の権利及び財産の安全を貴重し及び之を保護しこの憲法及び法律の範囲内に於てその享有を完全ならしむべきことを宣言す」とある。

2　誤り。基本的人権といえども，無制約ではなく，公共の福祉の観点から必要があるときは立法上制限できる，とするのが**最高裁判決の立場**である。明治憲法では，基本的人権は法律によらなければ制限できないとの原則（法律の留保）を採用していた。

3　誤り。現行憲法は，国民の義務として，教育の義務（26条2項），勤労の義務（27条1項）及び納税の義務（30条）を明文で定めている。明治憲法に関する記述は正しいものである。

4　誤り。明文の規定はおいていないけれども，現行憲法はいわゆる司法国家の体制をとり，裁判所に対しあらゆる種類の法律上の争訟を裁判する権限を与える趣旨と解されている（裁判所法3条参照）。したがって憲法は行政事件に関しても，原則としてすべての処分について出訴を許す立場（概括主義）を採用していることになる。明治憲法では，行政事件として出訴しうる事項を限定していた（列記主義）が，行政訴訟の制度はこれを認めていた。

5　誤り。現行憲法は，憲法がこれを創設したとの立場をとっていない。また基本的人権の多くは，憲法自体の規定により，直接，実質的に保障されている。後段の記述はその通りである。

正解　1

Q 13 基本的人権と公共の福祉

★★★

日本国憲法の定める基本的人権と公共の福祉との関係についての次の記述のうち，正しいのはどれか。

1 基本的人権は，公共の福祉のためには法令によらなくても，行政庁の適正・妥当な裁量により自由に制限できる。

2 基本的人権は，国民固有の権利である。これを行使するかしないかは各人の自由に委ねられている。しかもその行使については何らの制限もない。

3 基本的人権は，いわば社会的な権利である。公共の福祉を代表する国又は地方公共団体の行為による制限又は侵害に対しては救済の請求はできない。

4 基本的人権は，公共の福祉のために国民に与えられた権利である。しかし立法上必要であれば公共の福祉とは無関係に制限することができる。

5 基本的人権は，個人に与えられた永久不可侵の権利である。しかし，国民は常にこの権利を公共福祉のために利用する責任を負っている。

| 正解チェック欄 | 1回目 | 2回目 | 3回目 | **A** |

日本国憲法は，基本的人権を「侵すことのできない永久の権利」（11条・97条）と定め，人権の保障に法律の留保を付していない。

しかし，日本国憲法は，国民が人権について「常に公共の福祉のために，これを利用する責任を負う」（12条）こと，人権は「公共の福祉に反しない限り，立法その他国政の上で，最大の尊重を必要とする」（13条）ことを規定し，「**公共の福祉**」という用語を用いている。さらに，個別の人権規定として，居住・移転および職業選択の自由（22条1項）ならびに財産権（29条2項）に関し，明文で「**公共の福祉**」による**制限**が規定されている。

ここでの公共の福祉の内容は，次の二つである。①内容的制約（他人の人権との衝突の調整）で必要最小限度の制約のみが許される。②政策的制約（経済的弱者の保護のための制約）で必要な限度の制約が許される。

1 誤り。基本的人権は，行政庁の適正・妥当な裁量によっても，自由に制限はできない。

2 誤り。「その行使について何ら制限もない」のではない。人間が社会的存在であるかぎり他人の人権を否定してまで自己の人権を主張することはできないからである。

3 誤り。国又は地方公共団体の行為による制限又は侵害に対して，苦情申立て，不服申立て（審査請求など）あるいは裁判による救済の請求はできる。

4 誤り。経済的自由については，精神的自由のような厳密な取扱いを必ずしも必要とはせず，合理的な理由があればこれを制限することができるものと解されている（多数説）。立法上必要があっても，公共の福祉とは無関係に制限することはできない。

5 正しい。上文の説明，特に憲法11条・12条・97条の条文の内容の通りである。

正解 **5**

Q 14 公共の福祉に関わる判例

★★

　基本的人権と公共の福祉との関係について，最高裁判所が示した判断の要旨として妥当なのは，次のどれか。

1　表現の自由について，**チャタレイ事件判決**（昭和32年3月13日）では，後国家的な基本的人権は憲法のそれぞれの条文に制限の可能性を明示しているので，芸術作品といえども表現の自由は無制限には保障されていない。

2　表現の自由について，**東京都公安条例事件判決**（昭和35年7月20日）では，集団行動による思想等の表現の自由を守ることは，条例で許可制にしたことによってもたらされる公共の安寧秩序の維持と比較衡量して，両者が適正な均衡を保つことを目途とし，一定の制限を受けるとしている。

3　労働基本権について，**都教組事件判決**（昭和44年4月2日）では，地方公務員の労働基本権は，公務員が全体の奉仕者であることのみを理由に規制することが可能である。

4　職業選択の自由について，**小売市場許可制合憲判決**（昭和47年11月22日）では，個人の経済活動の自由に関する限り，（個人の精神的自由等に関する場合と異なって，）社会経済政策の実施の一手段として，これに一定の合理的規制措置を講ずることは許容されるとしている。

5　職業選択の自由について，**薬事法違憲判決**（昭和50年4月30日）では，社会経済の分野における法的規制措置は，立法府がその裁量権を逸脱し，著しく危険であることが明白である場合に限って違憲とすることができる。

| 正解チェック欄 | 1回目 | 2回目 | 3回目 | |

1　誤り。本判決では、「憲法の保障する各種の基本的人権についてそれぞれに関する各条文に制限の可能性を明示していると否とにかかわりなく、憲法12条、13条の規定からしてその濫用が禁止せられ、公共の福祉の制限の下に立つものであり、絶対無制限のものでない」（**内在的制約説**）としている。

2　誤り。本判決では、「集団行動による表現の自由に関するかぎり、『公安条例』をもって、地方的情況その他諸般の事情を十分考慮に入れ、不測の事態に備え、法と秩序を維持するのに必要かつ最小限度の措置を事前に講ずることは、止むを得ない」とし、「公安条例の定める集団行動に関して要求される条件が『許可』を得ることまたは『届出』をすることのいずれであるかというような、概念ないし用語のみによって判断すべきでない」と判示。

3　誤り。本判決は、「全逓中郵事件判決（最大判昭41.10.26）をさらに進め、地方公務員法の規定に厳しい限定解釈（二重のしばり論）を加えて、地方公務員の争議行為を刑事罰から原則的に解放する判断を示した。しかし、その後、全農林警職法事件判決（昭48.4.25）で判例を再び変更し、憲法28条に違反しないとした。

4　妥当。本判決は、「小売店の許可（距離）制限は、小売市場乱立に伴う共倒れなどの過当競争による弊害を取り除くため、中小企業保護政策の一つとしてとられた措置で、目的の合理性を認めることができないわけではなく、その規制の手段・形態も著しく不合理といえないから、違憲でない」としている。

5　誤り。本判決では薬局の適正配置規制は、「主として国民の生命及び健康に対する危険の防止という消極的、警察的目的のための規制措置」であり、この規制が、これらの目的のために必要かつ合理的であるかの点を問題にし、「**厳格な合理性の基準**」によって違憲であるとした。

| 正解 | 4 |

Q 15 プライバシー権（パブリシティ権）

★★★

プライバシーの権利（保護）について次のように分類した場合，いわゆるパブリシティ（publicity）の権利に該当するのはどれか。

1　のぞき見や盗聴など私的な秘密領域への侵入を受けない権利

2　人に知られたくない秘密を暴露・公表されない権利

3　承諾なしにみだりに容貌，姿態を撮影されない権利

4　氏名や肖像を無断で広告等に利用されない権利

5　自己に関する情報は自分自身でコントロールしうる権利（自己情報コントロール権）

正解チェック欄	1回目	2回目	3回目	A

プライバシーの権利は，日本では「私生活をみだりに公開されない法的保障ないし権利」と定義し，憲法13条の「個人の尊重」を根拠に権利性が認められた（東京地判昭39.9.28小説「宴のあと」事件）。現在は消極的権利としてだけでなく，「自己に関する情報をコントロールする権利（自己情報を管理する権利。閲覧・訂正・抹消等の請求ができる）」として積極的に理解され，個人情報保護法（平成15年）にも影響する。

1 非該当。プライバシー権とは，①自分の私生活を他人からのぞき見されず②第三者に対して暴露されないことを保護内容とし，③加害者の不法行為責任を追及する根拠となる民法（709条不法行為の一般的要件・効果）上の権利である。

2 非該当。上記解説を参照。

3 非該当。何人も承諾なしに，みだりに容貌・姿態を撮影されない自由を有する。肖像権と称するかは別として，警察官が正当な理由もなく個人の容貌等を撮影するのは，憲法13条の趣旨に反し許されない（最大判昭44.12.24京都府学連事件）。

4 該当する。人の氏名・肖像等は，人格権に由来し，「商品の販売等を促進する顧客吸引力を有する場合があり，このような顧客吸引力を排他的に利用する権利…」は，肖像等それ自体の商業的価値に基づくもの」としている。このように，**パブリシティ権**は人格権から生じる（最判平24.2.2ピンク・レディ事件）。

5 非該当。**プライバシー権**は自己情報をコントロールし，意に反する収集利用の拒否・開示・訂正・抹消等を要求しうる権利と認識される。従来のプライバシー権が自由権として構成されてきたのに対し，請求権として構成されるところが特色。なお「自己情報コントロール権」としてプライバシー権を全面から認めたものはないが，公権力との関係においては前科照会事件（最判昭56.4.14）において，前科・犯罪歴という他人に知られたくない個人情報を法律上保護に値する利益として認定している。

正解	4

Q 16 いわゆる間接適用説の立場から

★★★

　日本国憲法の基本的人権保障規定の私人相互間における効力に関する最高裁判所の見解として妥当なのは，次のどれか。

1　基本的人権保障規定は，公法，私法に通ずる法秩序全体の基本原理であり，私人相互の関係をも直接規律することを予定している。

2　基本的人権保障規定は，もっぱら私人相互の関係における人権の確保を目的としており，民事関係にも当然に適用されることを予定している。

3　基本的人権保障規定は，国家権力や大企業等の社会的権力による個人の人権の侵害防止を目的としており，私人相互の関係の規律は予定していない。

4　基本的人権保障規定は，私的自治に対する一般的制限規定であり，私人相互の関係について当然に適用されることを予定している。

5　基本的人権保障規定は，もっぱら国又は公共団体と個人との関係を規律するものであり，私人相互の関係を直接規律することは予定していない。

正解チェック欄	1回目	2回目	3回目	Ａ

　日本国憲法の基本的人権保障規定の私人相互間における効力に関する最高裁判所の判決はいくつかなされている。が，典型的なものには，三菱樹脂事件（最大判昭 48.12.12）がある。

　原告は，入社試験の際に，在学中の学生運動歴を隠したため，3 カ月の試用期間後に本採用を拒否された。原告は，私企業による，思想・信条を理由とする差別である，と主張して裁判所に提訴した。

　最高裁は，一般論につき以下のように判示している。「（憲法 19 条及び 14 条の）規定は，……他の自由権的基本権の保障規定と同じく，国または公共団体の統治行動に対して個人の基本的自由と平等を保障する目的に出たもので，……私人相互の関係を直接規律することを予定するものではない」。

　私人間効力の問題については，「社会的に許容しうる限度を超える」人権の侵害があった場合は，民法 1 条，90 条や不法行為に関する諸規定等の適切な運用によって解決できるとし，いわゆる「**間接適用説**」*の立場に立ちつつ，具体的な解釈としては，企業は雇用の自由を有し，「特定の思想・信条を有する者をそのゆえをもって雇い入れることを拒んでも，それを当然に違法とすることはでき」ず，また，「労働者の採否決定にあたり，労働者の思想・信条を調査し，そのためその者からこれに関する事由についての申告を求めることも違法ではない」と，判示した。

　なお，この判決に対しては，絶対的に保障されるべき思想・信条の自由について判決のように考えるのは疑問であるとの学説上の批判がある。

　＊これは「公の秩序又は善良の風俗に反する事項を目的とする法律行為は，無効とする」と定める民法 90 条の公序良俗規定のような私法上の一般条項を介在させて，間接的に憲法の趣旨を私人間の権利保障にも及ぼそうとする見解である。

正解	5

Q 17 私人間の保障を想定した義務規定

★★

次は憲法上，私人間における保障を想定している義務規定であるが，次元の異なる組み合わせはどれか。

A 投票の秘密を守る義務（15条4項）

B 奴隷的拘束及び意に反する苦役を課さない義務（18条）

C 保護する子女に教育を受けさせる義務（26条2項）

D 児童を酷使しない義務（27条3項）

E 労働基本権を尊重する義務（28条）

1 A B

2 A B C

3 A B C D

4 A C D E

5 すべて適切

正解チェック欄	1回目	2回目	3回目	Ⓐ

　憲法上の権利は対政府のものであったが，社会状況の変化とともに企業や経済団体，労働組合，報道機関など力をもった団体から国民の人権を守る必要が生まれ，憲法の明文規定にも変化が表れる。公権力の主体である政府と私人との間のルールである憲法上の人権規定を私人相互間に，「社会的権力の主体」と私人間にその効力を及ぼし適用し社会の必要性に応えていくのが**人権の私人間効力の問題**である。

A　適切。15条4項「選挙人は，その選択に関し公的にも私的にも責任を問はれない」。この規定は，選挙人の選択を理由として不利益をもたらす内容の法律行為を一切無効にするとされている。

B　適切。憲法18条は奴隷的拘束と意に反する苦役からの自由を規定する。規定の沿革とその趣旨から直接効力があるとされている。もっとも，既に刑法はじめ労働基準法，職業安定法，人身保護法，児童福祉法などが整備されている。

C　適切。憲法26条2項が課す子女に教育を受けさせる義務は，当該子女の保護者に課せられている。その義務の履行にあたり，政府がそれに対応する教育制度を用意する必要がある。

D　適切。**憲法27条3項は，私的な契約の自由に制約をするもの**であり，児童労働を禁止する法律の制定を国会に義務づけると共に，民法90条（公序良俗違反）・709条（不法行為の一般的要件・効果）が問題となるほか，刑法や労働基準法で処罰される。

E　適切。憲法28条の労働3権（団結権・団体交渉権・団体行動権）は，使用者関係において直接効力を保障したもので正当な争議行為よって民事上・刑事上の責任は発生せず，団結権・団体交渉権を侵害する法的行為・事実行為は共に法律を介せずして直接無効または違法になるのが一般的である。

正解	5

Q 18 定住外国人の地方参政権など

★★★

基本的人権の保障についての記述として正しいのは，次のど
れか。

1 基本的人権は人間性に由来する前国家的性格を有するも
のであるから，外国人も日本国民と等しくそのすべてを保
障されている。

2 基本的人権は自然人のためにのみ保障されているもので
あるから，社会権や参政権はもとより，財産上の権利義務
についても法人に適用することはできない。

3 基本的人権の保障規定は国と個人との間を規律するもの
であるから，私人間には直接には適用されないとするのが
最高裁の判例である。

4 基本的人権は何人にも等しく保障されるものであるか
ら，いわゆる公法上の特別な関係においても特に制限する
ことは許されない。

5 基本的人権の主体としての人間は本来年齢に無関係であ
るべきであるから，未成年者についてその保障の特例を設
けることはできない。

正解チェック欄	1回目	2回目	3回目	A

1 　誤り。基本的人権は人間性に由来する前国家的性格を有するものであるから，可能な限り外国人にも保障しようとするのが憲法の趣旨である。しかし参政権などには，その動きがあるものの認められてはいない。なお，定住外国人の参政権については，近時各党などでも「検討していかなければならない問題」との認識で一致している。

　　また最高裁の判決（平7.2.28）では，**定住外国人の地方参政権（選挙権・地方議会議員選挙の投票権）**は，憲法は禁止せず，「法律で付与」を阻まずとの初めての判断を示している。

　　地域に密着して暮らす定住外国人に地方選挙権を認めていない公職選挙法9条・10条・11条や地方自治法の規定は，住民自治を定めた憲法93条などに違反する。永住者などに地方選挙権を付与する立法措置を取ることは憲法上禁止されているものではなく，こうした措置をとるかどうかは国の立法政策の問題としている。

2 　誤り。法人の活動も究極的にはその効果が自然人に帰属する。したがって人権に関する諸規定も，その性質上可能である限り法人に適用されてしかるべきである。

3 　正しい。最高裁が三菱樹脂本採用拒否訴訟（最大判昭48.12.12）について示した判断である（Q 16参照）。

4 　誤り。特別の公法関係（かつての特別権力関係）の場においては，公法上の特定の目的を達するに必要な限度内において基本的人権の制約が許される場合もあり得る。

5 　誤り。設問の前段は正しい。しかし人権の性質によっては社会の成員として成熟した人間を主眼とし，それに至らない人間に対しては多かれ少なかれ特例を認めることが妥当するものもある。参政権，財産法上の行為能力の制限などがそれにあたる。

正解	3

Q 19 条文にみる法の下の平等

★★★

「すべて国民は，　A　であって，人種，信条，　B　，
　C　又は門地により，政治的，経済的又は社会的関係にお
いて，差別されない。」

　上文は憲法の条文であるが，空欄A〜Cにあてはまる語句の
組合せとして妥当なのは，次のどれか。

	A	B	C
1	法の下に平等	性　別	社 会 的 身 分
2	実質的に平等	性　別	政 治 的 意 見
3	法の下に平等	職　業	政 治 的 意 見
4	実質的に平等	職　業	社 会 的 身 分
5	法の下に平等	身　分	政治的所属関係

正解チェック欄	1回目	2回目	3回目	Ⓐ

　憲法14条1項は「すべて国民は，法の下に平等であって，人種，信条，性別，社会的身分又は門地により，政治的，経済的又は社会的関係において，差別されない」，と規定している。

　14条1項は「法の下の平等」という大原則を定めたものであり，**「法の下の平等」は民主主義国家の大きな柱の一つである。**なお，2項，3項は特権を否認する。1項の大原則は，15条，24条，26条，44条などいろいろな方面で具体化されている。

　人間は生まれながらに平等であり，平等に扱わなければならないという思想は，自由の理念とともに近代立憲主義の源泉となり，アメリカの独立宣言（1776年）やフランスの人権宣言（1789年）以来，すべての人権宣言に掲げられてきた。ただ，明治憲法は，わずかに「日本臣民ハ法律命令ノ定ムル所ノ資格ニ応シ均ク文武官ニ伝セラレ及其ノ他公務ニ就クコトヲ得」（19条）という規定を置くだけだった。

　この14条1項については，通説によれば「法の下の平等」を法の適用における平等にとどまらず，法そのものの内容における平等と解し，それは法の適用機関のみならず，法の定立機関をも拘束すると説いている。

　更に，「人種，信条，性別，…」は例示的なものにすぎず，したがって，それ以外の根拠によるものであっても，およそ立法機関が国民を差別的に取り扱うことは許されないとする。

　この通説の立場によれば，14条1項の保障する平等は，画一的，機械的平等ではなく，各人に備わる具体的な事実，たとえば，年齢，個人的資質等に即して法上の取扱いにおける差異を認める相対的平等である。その趣旨は，不合理な別扱いの禁止であって，合理的な根拠に基づく別扱いまで否認しようとするものではない。

正解	1

Q 20 合理的な別扱いの立法例

★★★

憲法に定める法の下の平等に関する記述として妥当なのは，次のどれか。

1 平等原則は，法の適用において平等取扱いを求めるものであるが，立法の内容までも拘束するものではなく，各人の資力に応じて税額に差異を設けるように法の内容を定めても違憲とはならない。

2 平等原則は，人間の性別，年齢などに差異があることに基づいて相対的平等を求めるものであり，女子に産前産後の休暇を与えるように，合理的な理由に基づく差別的取扱いをも禁止するものではない。

3 平等原則は，人間本来の平等を明確に宣言したものであり，人種，信条，性別，社会的身分及び門地による差別的取扱いを禁止しているが，その他の事由については平等取扱いを保障していない。

4 平等原則は，法律，政令，条例などの成文法に規定された事項や判例法に関しては差別的取扱いを禁止しているが，慣習法のような不文法については平等取扱いを保障していない。

5 平等原則は，人間の生まれながらの平等の思想に基づいたものであり，一般的には合理的相違を認めたうえで自然人に適用されるが，法人は平等取扱いを保障されることはない。

正解チェック欄	1回目	2回目	3回目	**A**

1 誤り。平等原則は，法を執行し適用する行政権・司法権が国民を差別してはならないという法適用の平等のみを意味するのではなく，法そのものの内容も平等の原則に従って定立されるべきだという法の平等をも意味する。「各人の資力」以下は正しい。

2 正しい。「法の下の平等」といっても，各人に認められるさまざまな事実上の差異を一切無視して，無差別に平等な法的取扱いを行うとしたら，かえって悪平等の事態を招く。そこで，このような機械的・形式的にあらゆる差別を禁止するのではなく，合理的な理由に基づく別扱いや「正義」の理念に適合する別扱いであれば許容しているとする相対的平等である。

（合理的別扱いを認めた立法例）出産・育児・生理休暇における母性保護（労働基準法65条，68条）など。

3 誤り。通説（法内容平等〈立法者拘束〉説）によると，5つの事項は，差別禁止事由の重要な場合を列挙したものにすぎない。これ以外の事由（たとえば財産，学歴，年齢など）による差別も，不合理なものであるかぎり，当然に許されない。憲法44条は，国会議員および選挙人の資格について定め，14条1項後段に挙げる5つの事項の他に，「教育」，「財産」，「収入」という事項を差別禁止事由に加えている。

4 誤り。平等原則は憲法14条に規定されており，憲法の最高法規性（98条1項）から，慣習法のような不文法についても平等取扱いが要請される。

5 誤り。基本的人権の享有主体に法人を含むか否かについては，肯定説が一般的である。最高裁も八幡製鉄政治献金事件（昭45.6.24）で「憲法3章に定める国民の権利及び義務の各条項は，性質上可能なかぎり，内国の法人にも適用されるものと解すべきである」としている。

正解	2

Q 21 性別による差別に関する判例

★★

憲法に定める法の下の平等に関する記述として妥当なのは，次のどれか。

1 収入の多い者に，累進的に高率の所得税を課することは，法の下の平等に反し，許されない。

2 デモ行進に関して，地方公共団体が条例で他の団体と異なる規制を行うことは，法の下の平等に反し，許されない。

3 選挙犯罪を犯し刑に処せられた者に，選挙権及び被選挙権を一定の期間停止することは，法の下の平等に反し，許されない。

4 女性労働者について，結婚退職制や出産退職制を定めることは，法の下の平等に反し，許されない。

5 年少者について，深夜業や坑内労働に従事させることを禁止することは，法の下の平等に反し，許されない。

| 正解チェック欄 | 1回目 | 2回目 | 3回目 | |

憲法では法の下の平等（14条）を定めているが，あらゆる差別を禁止する趣旨ではなく，合理的な別扱いは認めている。

1　誤り。経済的能力に応じて納税する所得税の累進課税制度は，所得の再分配等の機能をもち，合理的な別扱いといえる（所得税法89条）。

2　誤り。判例（東京都「売春等取締条例」（売春防止法制定（昭31）前のもの）の禁止する管理売春を行った事件，最大判昭33.10.15）は「憲法が各地方公共団体に条例制定権を認める以上，地域によって差別を生ずることは憲法みずからが容認するところである」としている。

3　誤り。罰則としての公民権の停止は，公明正大に行われるべき選挙の運営を侵害したものだけに与えられる合理的差別であり，公職選挙法（11条2項，252条）に定めがある。

4　妥当。**性別による差別に関する判例**の多くは，企業における女性結婚（あるいは出産）退職制及び女性若年定年制などに対して，合理性の根拠を欠き無効との判断を下している。たとえば，住友セメント事件・東京地裁の判決（昭41.12.20）では，女性結婚退職制について，「女子労働者のみにつき結婚を退職事由とすることは，性別を理由とする差別に帰するのであって，しかも合理的根拠を見いだしえないから」，労働協約（労働組合法14条，16条，17条，18条），就業規則（労働基準法89条，90条，92条，93条），労働契約（労働基準法2条2項，13条以下，労働組合法16条）のうちにかかる定めをした部分は，公の秩序（民法90条）に違反し無効であると判示している。

5　誤り。満18歳未満の年少者保護のための合理的な差別であり，労働基準法上で深夜業の禁止（61条），坑内労働の禁止（63条）や危険有害業務への就業制限（62条）等の定めがある。

正解　4

Q | 22 男女平等化の法的整備状況

★★★

　社会の変化に対応し，「民法の一部を改正する法律案要綱」
として法制審議会（法務大臣の諮問機関 1996 年 2 月）が提起
した次のうち，男女平等など現在でも（いまだ部分的にも）実
現して（見通しが立って）いない組み合わせはどれか。

　A　婚姻最低年齢の男女平等化

　B　女性のみの再婚禁止期間の短縮

　C　選択的夫婦別姓制度の導入

　D　5 年程度以上の別居継続による婚姻関係の破綻推定

　E　婚外子の相続分差別の廃止

　　1　A B

　　2　A C

　　3　B C

　　4　C D

　　5　D E

正解チェック欄	1回目	2回目	3回目	A

A　男女 18 歳・閣議決定。政府は平成 30（2018）年 3 月，成人年齢を 18 歳に引き下げる民法改正案と関連法律の見直し案等を閣議決定。年齢 20 歳をもって，成人とするという 4 条の規定を 18 歳にし，女性が結婚できる年齢を 16 歳から引き上げ男女とも 18 歳に統一。

B　100 日と改正。民法 733 条で女性のみに設けられた 6 か月間の再婚禁止期間は，最高裁判決（平 27.12.16）が 100 日を超える部分を違憲とし，平成 28（2016）年に 100 日と改正された。

C　未改正。夫婦同姓（民法 750 条）について，①婚姻の際に氏の変更を強制されない自由は憲法 13 条が保障する人格権の一内容ではない，②いずれの姓を使用するかは夫婦間の協議に委ねており，文言上性別に基づく法的な差別的扱いを定めていないため憲法 14 条 1 項に違反しない，③夫婦同姓は旧民法が施行された明治 31（1898）年にわが国の法制度として採用され定着し，現行民法でも家族の呼称を一つにすることに合理性が認められ，憲法 24 条に違反しない（最大判平 27.12.16）とされている。

D　未実現。平成 8（1996）年の民法改正要綱では，不貞や悪意の遺棄による離婚は，婚姻関係が回復の見込みのない破綻に至った場合とされた。更に 5 年以上婚姻に反する別居が継続していることも離婚原因に加えられたが，実現していない。

E　違憲判断で民法改正。平成 25（2013）年 9 月 4 日最高裁大法廷決定で，これまでを覆し民法 900 条 4 号が憲法 14 条 1 項に違反することを認めた。この決定で最高裁は，晩婚化・非婚化・少子化の進展と家族形態の多様化，国民意識の変化，非嫡出子差別を是正する外国の法改正，国際人権 B 規約による非嫡出子差別の禁止などを挙げ，遅くとも平成 13（2001）年 7 月以降，民法 900 条 4 号は違憲と判断し，非嫡出子の相続分を嫡出子 2 分の 1 と定めた部分が削除された。

正解	4

Q 23 合理的な根拠に基づく別扱い

★

憲法第14条に規定する法の下の平等に関する記述として通説において妥当なのは，次のどれか。

1 憲法第14条は，法の適用のみに関する画一的形式的平等原則を宣言したものと解され，その内容についてはなんら明らかにされていない。

2 憲法第14条は，法の定立内容のみに関する画一的形式的平等原則を訓示的に明らかにしたものと解され，その内容については限定列挙されている。

3 憲法第14条は，法の適用のみに関する相対的平等原則を明らかにしたものと解され，その内容については限定列挙されている。

4 憲法第14条は，法の適用及び法の定立内容に関する相対的平等原則を明らかにしたものと解され，その内容については限定列挙されている。

5 憲法第14条は，法の適用及び法の定立内容に関する相対的平等原則を明らかにしたものと解され，その内容については例示列挙されている。

正解チェック欄	1回目		2回目		3回目		A

1　誤り。憲法14条は，法の適用だけでなく法の定立内容について相対的平等原則を明らかにしたものであり，その内容についても具体的に列挙されている。

2　誤り。法の定立内容のみではない。画一的形式的平等原則を明らかにしたものではない。その内容も限定列挙ではない。

3　誤り。法の適用のみに関するものでなく，また，その内容も限定列挙ではない。

4　誤り。その内容は例示列挙（**人種，信条，性別，社会的身分又は門地**）である。

5　妥当。通説の立場によると，14条1項の保障する平等は，画一的，機械的な平等ではなく，各人に備わる具体的事実，たとえば，年齢，個人的資質等に即して法律上の取扱いにおける差異を認める相対的平等である。その趣旨は，不合理な差別の禁止であって，**合理的な根拠に基づく別扱い**まで否認しようとするものではない。もっとも，何が「合理的」であるかということになるともう簡単に決められるものではない（Q 20など参照）。

　たとえば次の判例では，厚生労働大臣が，（平成23年厚労省による改正前の）労災法施行規則別表第1に定める障害等級表において，外貌の醜状障害について男女に差を設けていることは，合理的理由なく性別による差別的取扱いをするものとして憲法16条1項に違反すると判示（京都地判平22.5.27）。また，同性愛者による青年の家利用の申請の承認不承認の決定に当たり，元来異性愛者を前提とした男女別室宿泊の原則を同性愛者に機械的に適用し，結果的にその宿泊利用を一切拒否したことは著しく不合理であるため，都教委の不承認処分は，同性愛者の利用権を不当に制限し，結果的，実質的に不当な差別的取扱いであり，その裁量権を逸脱したものとした判例もある（東京高判平9.9.16東京都青年の家事件）。

正解	5

Q 24 請願権

★★

憲法に定める請願権に関する記述として妥当なのは，次のどれか。

1　国民は，法律，命令又は規則の制定，廃止又は改正に関する請願をすることができるが，公務員の解職に関しては，法律にその手続が定められているため，請願することは認められない。

2　国民は，公務員の不法行為により損害を受けたときは，国又は地方公共団体に対して損害の賠償を求めることができるため，損害の救済に関する請願は認められない。

3　請願権は，国民が国又は地方公共団体の機関に対してその職務に関する事項について希望を述べることを保障したものであるが，その行使に伴い具体的な法的効果が生じることはない。

4　請願権は，その性質上自然人に認められるものであり，法人は，自然人を通じてのみ現実の活動を行うことができるため，独自に請願権の主体となることはできない。

5　国会の各議院に対する請願は，各議院の議決を経て内閣に送付され，内閣は，これを受理して誠実に処理し，その経過を請願者本人に通知しなければならないが，各議院への報告は義務づけられていない。

正解チェック欄	1回目	2回目	3回目	**A**

　請願権は,国や地方公共団体の機関に対し,それらの機関が所管する職務事項について希望・苦情等を述べる権利(受益権の一種)をいう。明治憲法及び現行憲法で国民の権利として認められている（旧憲法30条,現憲法16条）。これに基づき,**請願法のほか国会法（79〜82条）,地方自治法（124条・125条）**等に関係規定が定められている。

1　誤り。憲法16条は,「何人も,損害の救済,公務員の罷免,法律,命令又は規則の制定,廃止又は改正その他の事項に関し,平穏に請願する権利を有し,何人も,かかる請願をしたためにいかなる差別待遇も受けない」と規定している。よって,公務員の解職についても可能である。

2　誤り。上文の通りの内容なので,請願は認められる。

3　妥当。この法律（請願法5条（請願の処理））に適合する請願は,官公署において,これを受理し誠実に処理しなければならない。ただし,請願の行使に伴い具体的な法的義務（法的拘束力）が生じることはない。他方,何人も請願をしたためにいかなる差別待遇も受けない（憲法16条,請願法6条）。

4　誤り。人権が自然人固有のもので,その性質上団体に対する保障に適しないもの以外は,法人は享有(きょうゆう)可能性をもつと解されている。法の下の平等,財産権や居住・移転の自由あるいは営業の自由のような経済的自由権,請願権,国家賠償請求権や裁判を受ける権利のようないわゆる受益権,法定手続の保障はじめ住居の不可侵や公平な裁判所の迅速な公開裁判,証人審問権,弁護人依頼権などの一定の刑事手続上の権利を法人が享有しうることについては異論は認められない。

5　誤り。国会の各議院に対する請願は,各議院の委員会の審査を経て議院で議決される（国会法80条）。各議院において採択した請願で,内閣において措置することが適当と認められたものは内閣に送付され,内閣はその処理の経過を毎年議院に報告しなければならないものとされる（国会法81条）。

正解	3

Q 25 特定の宗教への関心を呼び起こすもの

★★★

憲法に規定する信教の自由に関する記述として正しいのは，次のどれか。

1 信教の自由は，思想及び良心の自由の宗教的側面であり，その性質上必ずしも絶対的に保障されるべきものとはいえないので，公共の福祉を理由とする場合には法律によることなく制限することが許される。

2 最高裁判所は，愛媛玉串料訴訟の判決で，県が玉串料等を神社に奉納したことは，社会的儀礼にすぎないものとはいえず，憲法の禁止する宗教的活動に当たるとした。

3 いかなる宗教団体も国から特権を受けてはならないとされるが，特権とは他の宗教団体に比べて特別な利益をいい，一般国民に比べての特別な利益は含まれない。

4 国及びその機関は，宗教教育その他いかなる宗教的活動もしてはならないとされるので，国立大学において，宗教に関する講座を設置し研究することは許されない。

5 国又は地方公共団体は，公金その他公の財産を宗教団体のために支出してはならないとされるので，宗教団体に対し課税を免除したり文化財保存のため補助金を支出することは許されない。

| 正解チェック欄 | 1回目 | 2回目 | 3回目 | **Ａ** |

　宗教を信じ，信仰を告白し，布教活動を行う個人・団体（教会，寺院，神社）の自由，信教の自由は信教の自由又は信仰の自由ともいう。

　信教の自由について明治憲法（明治 22（1889）年 2 月 11 日公布，23 年 11 月 29 日施行）では，明確に信教の自由を保障していたものの，神道が事実上国教化され，それによってわが国が侵略戦争をするに当り国内の反対を抑える武器となった。現行憲法では，単に信教の自由を保障するだけでなく，政教分離の原則を二重に保障（20 条 3 項及び 89 条前段）することで，国教化の事態が生じないよう配慮している。

1　誤り。思想及び良心の自由が宗教の面に現われると，内心において宗教を信じ又は信じない自由となる。この意味における信教の自由は絶対的に保障され，いかなる制限をも加えることはできない（20 条 1 〜 3 項）。

2　正しい。最高裁は，次のように判示（最大判平 9．4．2）。
　　玉串料を県の公金から支出して奉納したことは，その目的が宗教的意義を持つことを免れず，その効果が特定の宗教に対する援助・助長・促進になると認めるべきであり，県と靖国神社等とのかかわり合いが相当とされる限界を超えるものであって，**憲法 20 条 3 項の禁止する宗教的活動**に当たる。また，この支出は，**同法 89 条の禁止する公金の支出**にも当たる。

3　誤り。「特権」は，他の宗教団体に比べての特別の利益のみならず，一般国民に比べての特別の利益をも含む。

4　誤り。宗教を学問的に研究し又は教授することは，学問の自由に含まれる。

5　誤り。他の団体とともに宗教団体にも免税するのは，違憲ではない。

| 正解 | 2 |

Q | 26 政教分離の原則

★★★

憲法に定める信教の自由に関する記述として妥当なのは，次のどれか。

1 信教の自由では，宗教的結社の自由が保障されており，宗教法人の設立に関して，文部科学大臣又は都道府県知事による宗教法人の規則の認証を受けることを要すると法律で定めることは許されない。

2 信教の自由では，国及びその機関は宗教教育その他いかなる宗教的活動も禁止されており，宗教的寛容を養うことを目的とする一般的な宗教に関する教育であっても，国公立学校において行うことは許されない。

3 信教の自由では，宗教上の行為の自由が何人に対しても保障されており，その保障は無制約なものであり，公共の福祉その他いかなる理由によっても制限し得ないとされている。

4 信教の自由では，信仰の自由が何人に対しても保障されており，信仰をもつこと又はもたないことについて公権力によって妨げられず，公権力が特定の宗教を強制することは，いかなる理由によっても許されない。

5 信教の自由では，個人が宗教上の問題に対して自由に態度を決定し，宗教的信念に従って生活できることが保障されており，直接に宗教を対象としない一般的な法律であっても，宗教活動を規律することは許されない。

| 正解チェック欄 | 1回目 | | 2回目 | | 3回目 | | A |

1　誤り。宗教的結社が，その財産の運用などのために宗教法人を設立することについて，所轄庁の認証を受けることを法律（「宗教法人法」2章，文化庁宗務課が所管，法定受託事務で都道府県知事の認証が必要）に定めることは，憲法 20 条に反しない。

2　誤り。「国及びその機関は，宗教教育その他いかなる宗教的活動もしてはならない」（20 条 3 項）と定められている。ここでいう**宗教教育**は，特定の宗派的なドクトリン（教義）と結びついた教育のことであって，一般に宗教の研究や宗教情操を養うための非宗派的な教育まで禁じたものではない。

3　誤り。宗教の自由の絶対性に名をかりて，明白な禍害を社会に与えるものまで，憲法が保護すべき理由はない（12 条）。迷信に基づく擬似医療をしたり，人心の弱点につけこんで，公序良俗をはなはだしく損なうようなものは，一定の取締りに服さなければならない。なお，オウム真理教に対する宗教法人法に基づく解散請求問題で検察当局は，サリン製造など教団が組織的に関与した犯罪実態などが，解散命令の理由となる「著しく公共の福祉を害する」事実に該当すると判断し，'95 年 6 月 30 日東京都と調整し，東京地裁に対し，それぞれ解散請求の手続きがとられた。

4　妥当。憲法 20 条 1 項は，「信教の自由は，何人に対してもこれを保障する」と規定している。これは特定の宗教を信ずる，又は信じない自由をいう。またその意に反して宗教上の儀式・祝典・行事に出席することなど強制されないため，明示の規定（20 条 2 項）を置くとともに，**信教の自由の制度的保障として政教分離の原則**を定めている（20 条 3 項）。

5　誤り。前半は正しいが，たとえば，宗教上の行事としての集団行進等は，関係法令（地方公共団体の「公安条例」やこの条例を制定していない自治体では，道路における集団行動について「道路交通法」による）の規律を受ける（同法 12 条）。

正解　4

Q 27 信教の自由に関わる主な判例

★★★

信教の自由に関する次の記述のうち，妥当なのはどれか。

1 僧侶の精神異常平癒のため，患者に対し加持祈禱を行ったが結果的に当該患者が死亡した場合，かかる僧侶のした行為は信教の自由で保障された範囲内のものとして処罰されない。

2 宗教上の理由から体育の剣道実技を拒否した生徒に対して，学校側が代替的措置を講じることは公教育の中立性を害し，政教分離原則に違反する。

3 反社会的な行為を行った宗教法人に対し裁判所が解散を命じることは，これにより信者の以後の活動に支障が生じるとしても，間接的で事実上のものに過ぎないため，憲法20条1項に違反しない。

4 牧師が，宗教上の理由から警察に追われている犯人をかくまい自首を説得した場合，かかる牧師のした行為は犯人蔵匿罪に該当し同罪が成立する。

5 日曜日の授業参観を宗教上の理由から休んだ児童を欠席処分扱いにした学校側の措置は，信教の自由に違反する。

正解チェック欄

1回目	2回目	3回目

1 誤り。精神障害の少女の治療を両親に依頼された僧侶は，この原因が狐憑きにあるとして，加持祈禱を行った。その結果，少女は恐怖のため心臓マヒを起こし死亡した。僧侶は，これは憲法上保障されている信仰上の行為であり，罪（障害致死罪，刑法205条）にはならないと主張した。最高裁判所は，この主張を退け有罪とした（最大判昭38.5.15 加持祈禱事件）。

2 誤り。神戸高専では，体育の授業において剣道が必修であった。「エホバの証人」というキリスト教系の教団に属する生徒は，剣道の実技に参加することは教団の教義に反することになるとして，実技参加を拒否した。その結果，落第となり，2年後には退学になる。この処分が争われた訴訟において，最高裁は代替措置（見学，レポート，ラジオ体操など）については考慮せず，このような厳しい処分を行なうことは「社会通念上，著しく妥当性を欠く」として，学校側の処分を違法とした（最判平8.3.8 エホバの証人剣道実技拒否事件）。

3 妥当。オウム真理教への解散命令（宗教法人法81条）が信教の自由に反するかどうかが問題にされた。最高裁は，解散制度は信者などの精神面（教義など）に干渉するものではない，つまり憲法20条1項には違反しないとして，合憲の判断を下した（最決平8.1.30.**オウム真理教解散命令事件**）。

4 誤り。牧師が，警察に追われている犯人を数日間かくまい自首を説得した行為は，全体として法秩序の理念に反するところがなく，正当な業務行為（刑法35条）に該当するため，犯人蔵匿罪（刑法103条）は成立しないとした（神戸簡判昭50.2.20 牧会活動事件）。

5 誤り。日曜日の授業参観を宗教上の理由から休んだ児童を欠席処分扱いにした学校側の措置は，信教の自由に対する合理的でやむを得ない処分であるとした（東京地判昭61.3.20 日曜日授業参観事件）。

正解	3

Q 28 学問の自由

★★

憲法第23条に規定する学問の自由に関する記述として妥当なのは，次のどれか。

1 学問の自由には，教授の自由が含まれ，これは，高等教育機関だけではなく下級教育機関においても制約されることはない。

2 学問の自由には，学問研究の成果を発表する自由が含まれ，これは，研究成果の発表について公権力により侵害されないことを意味している。

3 学問の自由には，学問研究の自由が含まれ，これは，大学における研究従事者に限り認められた自由であり，それ以外の者には認められていない。

4 学問の自由には，大学の自治の保障が含まれ，これは，大学の自治を制度的に保障した明治憲法の明文の規定を踏襲したものである。

5 学問の自由には，教育の自由が含まれ，これは，国公立の教育機関においては制約を受けるが，私立の教育機関においては制約されることはない。

| 正解チェック欄 | 1回目 | | 2回目 | | 3回目 | | **A** |

憲法 23 条は，学問の自由を保障している。学問の自由の内容は，広義では，①**研究の自由**，②**研究成果発表の自由**，③**教授ないし教育の自由**を内容とする人権である。狭義においては，高度の学問の研究，高度の教育機関の自由，特に大学の自由を意味する。この大学の自由は，大学の自治を包含する。学問の自由は，形の上ではすべての人に保障されているが，この自由が実際に意味をもつのは，学問研究に従事する大学の教員や学生などに対してである。しかし，大学の自治は，国家権力の不干渉を求める性格のものという点では，学問の自由と共通しているが，それ自体としては人権でなく，制度である。大学の自治は学問の自由にとって必要不可欠なものである。

1 誤り。最高裁は，いわゆる**「旭川学力テスト事件」判決**（昭 51．5．21）において，「普通教育においても，一定範囲の教授の自由が保障されるべきことを肯定できないではないが，児童・生徒の能力，教師の影響力，全国的に一定の教育水準の確保の要請等を考えれば，完全な教授の自由を認めることはできず，国は，必要かつ相当と認められる範囲で，教育内容を決定する機能を有する」とし，下級教育機関（小・中・高等学校）においては，教授の自由は，当然には，保障されないという立場をとっている。

2 妥当。研究成果発表の自由は，表現の自由と不可欠一体の自由であり，何人に対しても，公権力により侵害されずに自己の研究成果を発表する自由である。学問的研究は発表され，批判と論議を重ねなければ学問の進歩はないからである。

3 誤り。憲法 23 条の規定は，大学に限らず，ひろく国民の学問研究及び研究の成果の発表を保障している。

4 誤り。明治憲法には，大学の自治を制度的に保障した規定，すなわち，学問の自由の保障規定はなかった。

5 誤り。教育の自由は，国公立（独立行政法人）の教育機関，私立の教育機関を問わず，保障されている。

正解 2

Q 29 「明白かつ現在の危険」の基準

★

表現の自由に関する次の記述のうち，正しいものはどれか。

1 報道の自由は，表現の自由には含まれない。

2 新聞記者に集会等に参加ないしは傍聴を認めないということは，報道の自由を妨げることになり，表現の自由に違反する。

3 明治憲法時代には，一般の出版物について，検閲の制度が認められていた。

4 表現の自由は，絶対的なものであり，何ら制限されることはない。

5 表現の自由は制約を受ける場合があり，この際の一つの判断基準として，「明白かつ現在の危険」の原則がとられる。

| 正解チェック欄 | 1回目 | 2回目 | 3回目 | |

1　誤り。**報道の自由**は，新聞や放送などによって事実を国民に知らせるものであり，特定の思想を表明するものではないが，報道の自由も21条の表現の自由の保障に含まれる，と解されている。

2　誤り。報道が正しい内容をもつためには，その前提としてひろく取材の自由が認められていることが望ましい。しかし，集会等に新聞記者を参加させるかどうかは，主催者側の自由に属することであり，結果として記者の取材が妨げられたとしても，それは報道の自由の問題ではなく，また表現の自由の問題でもない。

3　誤り。明治憲法時代には，一般の出版物については，検閲の制度はなかった。しかし，内務大臣が出版物の発売，頒布（はんぷ）を禁止する権利をもっていたので，実際上，あらかじめ出版物を内務当局に提出して非公式に検閲をしてもらう習慣が行われた。

4　誤り。絶対的なものではなく，たとえば，「公共の福祉」に反すると認められる場合には，公権力によって制限されることもありうる。なお，他人の名誉を毀損（きそん）し，他人を侮辱（ぶじょく）する行動を罪として処罰する規定（刑法230条以下）や，わいせつ文書の頒布等を処罰する規定（刑法175条）がある。

5　正しい。違憲審査基準（言論を制限できる）のうちでもとりわけ有名なのが，アメリカ憲法判例（1919年合衆国最高裁判所）で用いられてきた「明白かつ現在の危険」（Clear and Present Danger）の基準である。この基準は，①近い将来，実質的害悪をひき起こす蓋然性（がいぜんせい）が明白である，②実質的害悪が重大である，つまり重大な害悪の発生が時間的に切迫している，③当該規制手段が害悪を避けるのに必要不可欠であることの三つの要件が認められる場合には，表現行為を規制することができるとする。この基準は厳格な基準であり，上の要件の判断も難しい。わが国では，下級裁判所の判決で用いられた例はあるが，最高裁の判例では採用されていない。

正解　5

Q 30 事実の報道の自由

★★★

憲法に定める表現の自由に関する記述として妥当なのは，次のどれか。

1 表現の自由は，個人の思想，信条，意見の表出活動の自由をいい，これには言論の自由及び出版の自由が含まれるが，映画，図書などにおいては，公権力が思想の内容をあらかじめ審査する検閲は合憲とされる。

2 表現の自由は，個人の思想，信条，意見の表出活動の自由をいい，これには知り得た情報を報道する自由が含まれ，公権力により妨げられることなく絶対無制限に保障される。

3 表現の自由は，共同の目的を有する多数人の集団の意思を表現する自由をいい，これには集会の自由及び結社の自由が含まれるが，明らかに公共の福祉に反する集会及び結社に対しては，一般許可制による事前抑制が許される。

4 表現の自由は，人の内心における精神作用を方法のいかんを問わず外部に公表する精神活動の自由をいい，これには口頭及び印刷物だけでなく，絵画，映画，演劇などの手段による表現の自由が含まれる。

5 表現の自由は，人の内心における精神作用を方法のいかんを問わず外部に公表する精神活動の自由をいい，これには芸術上の表現活動の自由が含まれ，公共の福祉を理由として制限されることのない自由が保障される。

| 正解チェック欄 | 1回目 | 2回目 | 3回目 | A |

1　誤り。表現の自由の中には，映画，図書，テレビ，ラジオ，演劇などによって思想等を表現する形態も含むものであり，行政権による検閲は許されない。映画，図書などが，刑法の処罰規定，たとえば刑法175条（わいせつ文書頒布等）にふれる場合は，事後に刑事訴訟法等所定の手続によって処理できるのみである。

2　誤り。報道機関の報道は「国民の知る権利」に奉仕するもので，**事実の報道の自由**も憲法21条の保障の下にあるとしたうえ「一面において，審判の対象とされている犯罪の性質，態様……ひいては，公正な刑事裁判を実現するにあたっての必要性の有無を考慮するとともに……諸般の事情を比較衡量して決せられるべき」とされたのが，**博多駅テレビフィルム提出命令事件**（最大判昭44.11.26）である。絶対無制限に保障されるものではない。

3　誤り。集会及び結社に対して，一般許可制による事前抑制をすることは，許されない。ただし，単なる届出制を採用することは許される。また，「明白かつ現在の危険」が存する場合には，例外的に許可に服せしめうるものと考える。したがって，明らかに公共の福祉に反するからという理由だけでは，あまりにも漠然すぎ，表現の自由を事前抑制する基準とはなりえない。

4　妥当。憲法21条1項にいう表現の自由は，典型的には，「**人の内心における精神作用を外部に公表する精神活動の自由**」と定義される。口頭及び印刷物だけでなく，絵画，写真，映画，音楽，演劇などによる表現・伝達の自由が含まれる。なお，表現の自由などの「自由権」は「国家からの自由」と解される。国家権力が余計なことをしないことによって守られる権利である。

5　誤り。表現の自由は絶対無制限に保障されるものではなく，一定の制約を受けることがある。芸術上の表現を含め，思想や知識を外部に発表する行為は，他人に影響を与えるため，表現の仕方や内容いかんによっては，制約を必要とすることがありうる。

正解　4

Q 31 「報道の自由」と「国民の知る権利」

★★★

　憲法に定める表現の自由に関する記述として妥当なのは，次のどれか。

1　表現の自由は，出版の自由を含まないので，出版社が裁判所から取材フィルムの提出を求められた場合，出版社はそれに従わなければならない。

2　表現の自由は，集団行動の権利を含まないので，地方公共団体のすべてが公安条例によって集団行進やデモ行進を禁止している。

3　表現の自由は，検閲の自由を含むので，公権力により事前又は事後に検閲をすることは自由に認められる。

4　表現の自由は，知る権利を含まないので，政府は国民が情報の提供を求めた場合にも，その情報の内容を問わずそれを拒否しなければならない。

5　表現の自由は，基本的人権に含まれており，集会，結社及び言論，出版その他一切の表現の自由は保障されている。

| **正解チェック欄** | 1回目 | 2回目 | 3回目 | |

1 誤り。出版の自由は，表現の自由に含まれる（憲法 21 条 1 項）。博多駅テレビフィルム提出命令事件（最大判昭 44.11.26）では，「公正な裁判の実現のため裁判所へ提出することを受認しなければならない場合がある。提出がやむを得ないと認められる場合であっても，報道機関が受ける不利益は必要な限度を超えないように配慮されなければならない」と判示されている。必ず提出しなければならないものではない。

2 誤り。憲法 21 条にある集会，結社の自由は，集団行動の権利（集団行進・デモ行進）を認めるものである。地方公共団体のすべてが公安条例によって集団行進やデモ行進を禁止しているわけではない。**公安条例のない地域では，「道路交通法による規制」**（77 条 3 項）で行われている。

3 誤り。憲法 21 条は公権力による検閲を禁止している。なお，検閲とは，なんらかの国家機関が表現物の内容を審査し，差し支えないと認めたものだけの発表を許す制度である。

4 誤り。知る権利は表現の自由にとって不可欠であるという意味で，憲法 21 条の保障の範囲内にある。また行政機関の保有する個人情報の保護に関する法律（2003 年 5 月公布）により，情報提出もある。

5 妥当。憲法 21 条は「①集会，結社及び言論，出版その他一切の表現の自由は，これを保障する。②検閲は，これをしてはならない。通信の秘密は，これを侵してはならない」と規定している。このように，本条の主旨は，集会・結社の自由・言論・出版を含む一切の表現の自由を保障し，検閲禁止と通信の秘密を定めたものである。いずれにしても，表現の自由は，個人の思想・良心の自由（19 条）の延長としても，また民主政治の基盤としても，特段に重要な基本的人権である。

　21 条に基づき，「報道の自由」や「国民の知る権利」が憲法上の権利として尊重されることは憲法学界も裁判所も認めている。

| 正解 | 5 |

Q 32 結社の自由

★★

　憲法に定める結社の自由に関する記述として妥当なのは，次のどれか。

1　結社の自由は，民主政治の維持及び発展にとって不可欠なものであり，そこに参政権的要素を認めることができる。

2　結社の自由は，団体の結成の自由を含み，法人の設立に当たって法律で行政官庁の許可を要件とすることとなっている。

3　結社の自由は，個人の自由を基礎としているが，個人に対して加入している団体から離脱する自由を保障するものではない。

4　結社の自由は，すべての団体に保障されており，憲法の基本的秩序の破壊を目的とする団体に対する事前及び事後の規制は違憲である。

5　結社の自由は，他の基本的人権と衝突する危険性を内在しており，政党に対して存立の基礎までを与えるものではない。

正解チェック欄	1回目	2回目	3回目	Ⓐ

1　妥当。**結社**とは，共通の目的をもつ多数人が永続的な集団を結成することをいう。共同目的による集団の形成は，精神の自由の外的な発現形態として，表現の自由と同様，立憲民主主義の維持に不可欠であり，そこに参政権的要素を認めることができる。

2　誤り。法人の設立に当っては，従来，民法で，**公益法人**については許可主義，**営利法人**については準拠主義が採用されていた。2008年からの公益法人制度改革に伴い，従来の各官庁の裁量による公益法人の設立許可等を行う主務官庁制度が撤廃され，民間有識者からなる委員会等の意見に基づき，目的，事業等の公益性を判断する仕組みが創設された（公益社団法人・公益財団法人認定法（2008年施行））。また，法人格の取得と公益性の判断を分離し，公益性の有無に関わらず，一定の要件を満たせば誰でも準拠主義（登記）により簡便に一般社団・財団法人の設立が可能となった（一般社団法人・一般財団法人法（2008年施行））。

3　誤り。結社の自由（憲法21条1項）は，個人の自由が基礎となっているのであるから，積極的結社の自由の側面だけでなく，消極的結社の自由も含まれる。すなわち，団体を結成しない自由，個人が団体に加入しない自由，加入した団体から脱退する自由ということも内容となる。

4　誤り。結社の自由を制限する法律としては「破壊活動防止法」（1952年施行）があり，「破壊活動」を一度行った団体は反復による実害がなくとも「将来」行う「おそれ」を理由として規制されることなどから，学説上は違憲の疑いが強く指摘されている。しかし，憲法の基礎秩序の破壊を目的とする結社は公共の福祉に反するので，これを規制することは論理的には是認されるものである。

5　誤り。結社の自由には政党結成と政党活動の自由も含まれる。憲法は政党について特に規定を設けていないため，政党の憲法的根拠は直接的には結社の自由（21条）に求められることになる。

正解　1

Q 33 公の秩序を乱す恐れ

★★★

　集会の自由・公の施設での表現の自由で合憲性が争われた事件の主な判例のうち，「条例上，許可しない場合を"公の秩序を乱す恐れがある場合"というあいまいな表現を用いたことから問題となった」のはどれか。

1　日比谷音楽堂使用取消事件判決（東京地判平成21年3月24日）

2　泉佐野市民会館事件判決（最判平成7年3月7日）

3　上尾市福祉会館事件判決（最判平成8年3月15日）

4　広島市暴走族追放条例事件判決（最判平成19年9月18日）

5　公立学校教育施設の目的外使用事件判決（最判平成18年2月7日）

正解チェック欄	1回目	2回目	3回目	

1　該当しない。日比谷音楽堂で開催する集会のための使用承認を
その指定管理者が，ある団体にしておきながら，右翼団体の反対
行動後に，東京都の指示に基づき承認を取り消した行為が違法で
あるとして損害補償請求を認めている。

2　該当する。泉佐野市市民会館事件は「公の秩序を乱す恐れがあ
る場合」条例上許可しないとした点が問題。当該規定はあくまで
人の生命，身体又は財産権が侵害され，公共の安全が損なわれる
危険の回避・防止の必要性が優越する場合と限定され，さらに危
険とは**「明らかに差し迫った危険の発生が具体的に予見される」**
ことが必要であると解釈できる限り，必要かつ合理的な制限であ
るため憲法 21 条に反しないと判示した。

3　該当しない。集会の開催によって，敵対的な勢力から違法な妨
害行為が行われる恐れがあるため不許可とできるかが問われた上
尾市福祉会館事件で，主催者が平穏に集会を行う際，反対者によ
る妨害行為の恐れがあっても，不許可処分は，警察の警備等でも
なお混乱を防止できない特別な場合に限られる。本件では特別の
事情があるとはいえず，不許可処分は違法と判示している。

4　該当しない。広島市の広場で無許可で，特攻服を着て顔面を覆
い隠し円陣を組む等威勢を示して，公衆に不安を覚えさせる集会
を行い，中止・退去命令を受けても集会を継続したため，暴走族
追放条例違反で起訴された事件。暴走族以外の集団が含まれる等
規制対象が広範なものの，合憲限定解釈により合憲判断された。

5　該当しない。学校教育施設は，道路や公民館等とは異なり，学
校教育上の支障がないからといって目的外使用を当然に許可しな
くてはならないものではなく，学校施設の目的及び用途と目的外
使用の目的，態様等との関係に配慮した合理的な裁量判断により
使用許可をしないこともできる。本件の不許可処分は，重視すべ
きでない考慮要素を重視するなど，社会通念に照らし著しく妥当
性を欠き，裁量権の逸脱・濫用であり違憲だと判示している。

正解　2

Q 34 通信の秘密の保障

★★

憲法における通信の秘密の保障に関する記述として妥当なのは，次のどれか。

1 　通信の秘密は，これを侵してはならないが，電話事業に従事する者が，報道機関に対して取材源を漏らさないことを条件に，職務上知り得た通話中の第三者の氏名を知らせることは，憲法に違反しない。

2 　通信の秘密は，これを侵してはならないが，電話事業に従事する者が，その家族に対して他に漏らさないことを条件に，職務上知り得た第三者の通話内容を知らせることは，憲法に違反しない。

3 　通信の秘密は，これを侵してはならないが，郵便官署が，国政調査の一環として行われた衆議院からの報告の請求に応じて，保管する郵便物の内容を報告することは，憲法に違反しない。

4 　通信の秘密は，これを侵してはならないが，郵便官署が，犯罪捜査のために行われた検察官からの照会に応じて，保管する郵便物の差出人の住所を回答することは，憲法に違反しない。

5 　通信の秘密は，これを侵してはならないが，郵便官署が，刑事事件に係る裁判所の証拠物に対する差押命令に応じて，保管する郵便物を提出することは，憲法に違反しない。

| 正解チェック欄 | 1回目 | | 2回目 | | 3回目 | | **A** |

「通信の秘密は，これを侵してはならない」とは，①公権力は通信の内容及び通信の存在自体に関する事柄を調査の対象にしてはならないこと，②通信業務従事者は，職務上知り得た通信に関する情報を他人に漏洩してはならないことを意味する。

1 誤り。憲法21条2項によって，職務上知り得た秘密を他に漏らすことは認められない。逓信官署の取扱中における秘密は保障され，郵便業務に従事する者は職務上知り得た秘密を他に漏らしてはならない（郵便法8条）。なお株式会社（NTT，KDDI等）等の取扱う電報・電話（電気通信事業法4条）も同様である。

2 誤り。家族に対して他に漏らさないことを条件に，職務上知り得た第三者の通話内容を知らせることも憲法（21条2項）の違反となる。

3 誤り。郵便官署が，国政調査の一環として行われた衆議院からの報告の請求に応じて，保管する郵便物の内容を報告することは憲法（21条2項）の違反となる。通信の秘密は，その通信が実質的に保護に値する秘密性を有するかどうか，通信の当事者が秘密にすることを望むかどうかにかかわらず保障される。したがって保障の範囲は通信の内容だけではなく，差出人の氏名，住所や差出個数など通信の存在自体に関する事柄にも及ぶと解される。

4 誤り。憲法35条により，犯罪捜査の目的のため，司法官憲の発する正当な令状によれば押収することができるが，犯罪捜査の目的でも検察官からの単なる照会であって，保管郵便物の差出人の住所の回答は憲法（21条2項）に違反する。

5 妥当。通信の秘密の保障は逓信官署に託された通信について，これに私人の所持する文書と同様の保護を与えようとするものである。このことから，**犯罪捜査の目的**のためには，私人の所持品についてと同じで，憲法35条の定める手続によれば，司法官憲の発する正当な令状により，郵便物を，差押さえ，押収することができる（刑事訴訟法100条，222条）。

正解 **5**

Q. 35 職業選択の自由は経済的自由

★★★

職業選択の自由に関する記述として妥当なのは，次のどれか。

1　この自由は，自分の従事すべき職業を決定する自由であるが，決定したその職業を行う自由，営業の自由も含むとされている。

2　この自由は，何人にも保障される自由であることから，外国人にも保障が及び，国籍による就業制限が法定されている職業はない。

3　この自由は，国民の経済生活の安定を目的として制限されることがあるが，その例として公認会計士の資格制限が挙げられる。

4　この自由は，善良な風俗を維持することを目的として制限されることがあるが，その例として公衆浴場の許可制が挙げられる。

5　この自由は，国民が経済的自由を確立し自己を実現していくために不可欠な基本的人権であり，公共の福祉を理由としても制限することはできない。

正解チェック欄	1回目	2回目	3回目

　職業選択の自由（22条1項）には，①自己が職業に就くかどうかの自由と，職業を選択する自由，②選んだ職業を遂行する自由とが含まれる。特に「公共の福祉に反しない限り」という制限がつけられているのは，①この自由が社会に影響するところが大きく，②かつ公共の福祉との建前から統制しなければならない場合があるからである。

　前者の例としては，風俗営業・食品営業・質屋営業・古物営業・道路運送業・銀行業・保険業・信託業などの許可制ないし免許制（風俗営業適正化法3条，食品衛生法52条，質屋営業法2条，古物営業法3条，道路運送法4条・47条，銀行法2条・4条，保険業法3条，信託業法3条）があり，後者の例としては，**有料職業紹介事業の禁止**（**職業安定法30条**）など営業の自由制約の合憲性が争われた戦後初期の判例（最大判昭25.6.21）がある。

1　妥当。職業選択の自由には，①自己が従事すべき職業を決定する自由と，②これを遂行する自由が含まれる。

2　誤り。外国人にも基本的には保障されているが，政策的理由による制約が認められ，公務員の一部には就業できない。地方公務員については，既に市町村を中心に国籍条項が廃止されつつある。

3　誤り。この制限については，小売商業調整特別措置法（特定の都市でのマーケット開設を許可制の下においている）に関する最高裁判決（最大判昭47.11.22）がある。本件の規制の目的が，経済的基盤の弱い小売商を相互間の過当競争による共倒れから保護するという積極的なものであると認定して，規制を合憲とした。

4　誤り。公衆浴場距離制限事件の判決（最大判平元.1.20）では，衛生設備の低下等の点において制約に合理的理由があると認めている。

5　誤り。職業選択の自由は財産権とともに**経済的自由**であることから，他の基本権と区別され，制約の幅は広いとされている。

正解	1

Q 36 職業選択の自由と規制

★★★

職業選択と職業それ自体の規制やその合憲性基準等について
述べた次のうち，適切なものの組み合わせはどれか。

A 職業の選択と遂行（営業）の自由は，精神的自由とも切
り離せない人間の重要な価値である。

B 職業の選択にも遂行にも，法律などによる様々な規制
（政府による規制）がある。

C 表現の自由のような「精神的自由」よりも「経済的自
由」に属する職業選択の自由の方が，規制の必要性が高
い。

D これらの規制は，通常，①消極目的規制（内在的制約）
と，②積極目的規制（政策的制約）とに区別される。

E いかなる規制が必要・有効かは，情報とノウ・ハウをも
つ行政部と立法部が判断すべきで，裁判所は政策的妥当性
にまで介入すべきでないとされてきた。

1 AB

2 BC

3 ABC

4 ABCD

5 すべて適切

正解チェック欄　1回目　2回目　3回目　A

　憲法22条1項は「何人も，公共の福祉に反しない限り，居住，移転及び職業選択の自由を有する」と定めている。**職業選択の自由**は，自分の従事する職業を選ぶ自由だけでなく，職業を遂行する自由および営業の自由も含む。実際には，次に見るように，職業選択の自由に対して法制上さまざまな規制が加えられている。

　A　適切。経済的自由のうち，職業選択の自由は精神的自由と同様に，自己実現にとって本質的な自由のひとつ。職業（仕事・労働）を通じて自分自身を形成していく意味でも，職業の選択とその遂行は，精神的自由と不可分の重要な価値を持つ。

　B　適切。たとえば開業にあたって①行政機関の公簿への登録が義務の登録制（電気通信事業法9条等），②行政機関の営業許可が義務の許可制（旅館業法3条等），③国家試験の合格者のみ当該職業への参入を許される資格制（医師法2条等），④事業免許を取得した事業者のみ営業を許される特許制（電波法4条・6条による放送事業等），⑤法律が当該職業を禁止する全面禁止（売春防止法3条）等，職業への新規参入だけで様々な形の規制がある。

　C　適切。職業・営業は社会的関連性が強く，その自由の保護は経済的強者の優遇と経済的弱者の圧迫に繋がる。憲法22条1項と29条で「公共の福祉」による制約を明示しているのもそのためである。

　D　適切。**消極目的規制**は国民の生命や健康上の危険を防止するための予防的・警察的な規制。後者は現代的な福祉国家理念に基づき特に社会・経済的弱者を保護する目的で課される政策的な規制。有名な判例で薬事法事件（最大判昭50.4.30）は前者，小売り市場事件（最大判昭47.11.22）は後者のケースである。

　E　適切。その結果，職業規制の違憲審査に当たって裁判所がとるべきスタンスは，規制に好意的な緩やかな審査となる（精神的自由規制立法＝厳格な基準，経済的自由規制立法＝緩やかな基準）。

正解　5

Q | 37 二重の基準と規制目的の三分論

★★★

次は職業の自由規制の合憲性が問題となった重要判決であるが，最高裁が「消極目的規制（制約）」の観点から違憲判決を出したのはどれか。

1 小売市場距離制限事件判決（最大判昭和47年11月22日）

2 薬局距離制限事件判決（最大判昭和50年4月30日）

3 西陣絹ネクタイ事件判決（最判平成2年2月6日）

4 酒類販売免許制合憲判決（最大判平成4年12月15日）

5 医薬品のネット販売規制違法判決（最判平成25年1月11日）

| 正解チェック欄 | 1回目 | 2回目 | 3回目 | |

　従来の違憲審査の判断の枠組みは，①精神的自由を規制する法律を厳格に，経済的自由に対する規制は福祉国家の観点から緩やかに審査する「二重の基準論」と，②①を前提とし，規制の目的に注目した下記A〜Cの基準がある。

A　**消極目的規制**（内在的規制：国民の生命および健康に対する危険の防止）＝厳格な合理性の基準　判例：薬事法事件（違憲）判例：医薬品のネット販売規制違反（薬事法違反）

B　**積極目的規制**（政策的規制：経済発展と社会的・経済的弱者の保護）＝明白性の原則の基準　判例：小売市場事件（合憲）

C　**財政目的規制**　判例：酒類販売免許制事件（合憲）

1　非該当。小売市場開設の許可規制は，積極的法的規制措置，すなわち積極目的の規制であり，当該規制は著しく不合理だが明白とは言えないため，合憲判断とした（最大判昭47.11.22）。

2　該当。薬局の適正配置規制（距離制限）は国民の生命・健康への危険防止という消極目的の規制措置であり，緩やかな規制手段でも十分に達成できるため違憲とした（最大判昭50.4.30）。

3　非該当。生糸の一元輸入措置および価格安定制度は，立法府の裁量を逸脱し，当該規制措置の不合理さが明白とは言えないため，当該規制措置を合憲とした（最判平2.2.6）。

4　非該当。酒税の国税に占める割合が低下しても免許制度の必要合理性は失われない。酒税賦課徴収のために採られた合理的措置は，社会変化を考慮しても，昭和51年の処分当時必要合理的で憲法22条1項に違反しないとした（最大判平4.12.15）。

5　非該当。薬事法違反のためネット販売業者の請求を認めた（最判平25.1.11）。ネット販売が薬害発生の危険性を高めた理解はなく，新薬事法36条の6はネット販売の禁止規定とは解されない上，従来の37条下でも通信販売は禁止されず，新施行規則は法律の範囲を越脱した。

| 正解 | 2 |

Q 38 居住・移転の自由又は職業選択の自由

★★★

憲法に定める居住・移転の自由又は職業選択の自由に関する記述として妥当なのは，次のどれか。

1 居住・移転の自由は，外国人にも日本国民と同様に保障され，外国人の日本への入国を制限することは許されない。

2 居住・移転の自由は，日本国民には当然に保障されるが外国人には保障されず，またこの自由には外国移住の自由が含まれる。

3 職業選択の自由は，公共の福祉のために合理的な制限に服し，またこの自由には職業遂行の自由が含まれる。

4 職業選択の自由は，自分の従事すべき職業を決定する自由をいい，この自由には営業の自由は含まれない。

5 職業選択の自由は，外国人にも日本国民と同様に保障され，外国人に対して特別の制限を加えることは許されない。

正解チェック欄	1回目	2回目	3回目	A

1　誤り。憲法は，外国人がわが国に入国する自由を保障していない。が，わが国に在留する外国人に対しては，性質上日本国民のみを対象とする人権（参政権など）を除き，等しく人権を保障している。なお，「出入国管理及び難民認定法」（3条）では，外国人は，原則として，有効な旅券を所持しなければわが国に入ってはならないとしている。

2　誤り。居住・移転の自由は，日本国民に当然に保障されるわけではなく，一定の場合は制限を受ける。たとえば，刑事訴訟法上，保釈又は勾留の執行停止を許す場合の条件として，被告人の住居を制限することができる（刑訴93③，95）。外国人の出入国については「出入国管理及び難民認定法」により，特別の規制を受ける。

3　妥当。**職業選択の自由**は，人が自己の欲するいかなる職業をも任意に選び得る自由である。選択した職業を自由に遂行する（営む）こと（営業の自由）を含む。憲法22条は，この自由を保障するが，「公共の福祉」による制限を付している。ある種の職業（医師，看護師，弁護士など）に就くのに一定の資格を必要としたり，ある種の営業（旅館，飲食店，風俗営業など）を行うのに行政庁の許可を要するなどがその例である。

4　誤り。職業選択の自由には，その職業を行う自由，つまり営業の自由も含むとされている。小売市場距離制限事件（最大判昭47.11.22）（Q35参照）。

5　誤り。憲法22条の自由は「何人も……の自由を有する」とあるが，もともと日本国の許可なしに入国しえず，入国の条件として，「在留資格」という形で活動分野を限られる。一般の外国人には職業選択の自由は保障されていない。たとえば外国人に対しては，水先人（船が港などに出入りする時，水路を案内すること。またその資格をもつ人）などは明文（水先法5条）で自由を制限している。

正解　3

Q 39 人身の自由である移動の自由制限

★★

移動の自由制限について述べた次のうち，違憲論があるのは
どれか。

1 懲役刑・禁固刑や捜査機関による逮捕勾留

2 感染症予防法や精神保健福祉法による措置入院

3 出入国管理法・旅券法などの規制を受ける外国移住，外
国旅行

4 夫婦の同居義務，子に対する親権者の居所指定権

5 災害が発生し又は発生の恐れがある場合での「避難勧
告」「避難指示」

正解チェック欄 | 1回目 | 2回目 | 3回目 |

1 妥当。懲役刑・禁固刑や捜査機関による逮捕勾留は移動自由の制限に当たる。刑罰制度の必要性は一般に承認され，憲法も認めているから（31条），22条違反とは言えない。

2 妥当。感染症予防法や精神保健福祉法等の社会衛生的観点からの移動制限もある。放置した場合の害悪の程度と本人保護の必要性から合憲性が判断される。

3 違憲論あり，見解が別れる。外国移住における入国可否は相手国の認定が前提。出入国管理及び難民認定法60条は，出国には有効な旅券の所持を求めているが，旅券法13条により政府は一定の者に旅券の発給を拒否できる。問題は1項7号に定める「著しく，かつ，直接に日本国の利益または公安を害する行為を行うおそれがあると認めるに足りる相当の理由がある者」という規定が，政府に恣意的な裁量を許す疑義がある点。政府の外交関係における裁量権を理由とした合憲説もあるが，**国民の海外渡航の自由**から違憲説も有力。

外国旅行の制限としても，上記旅券法13条1項7号の発給拒否規定が問題であり「公共の福祉ために合理的な制限を定めたもの」とした合憲判例もある（最大判昭33.9.10帆足計事件）が，法令違反ないし適用違憲とする説もある。

4 妥当。夫婦は同居し互いに協力し扶助しなければならない（民法752条　同居，協力及び扶助の義務）。一方，子は親権者の指定場所に居所を定めなければならない（民法821条　居所の指定）。

5 妥当。災害が発生／発生する恐れがある場合，人の生命・身体を災害から保護する必要がある時，市町村長が「避難勧告」を，特に急を要する場合には「避難指示」を出し，危険を防止するために「警戒区域」の指定を行う（災害対策基本法60条・63条）。警戒区域に権限なく立ち入った者や退去しない者には刑罰が科せられる。これらの移動制限も違憲とは考えられない。

正解　3

Q 40 労働基本権とは

★★

　労働基本権に関して，最高裁判所の判例のとる立場は，次の
どれか。

1　労働基本権は，社会権たる生存権を保障したものではな
　　く，国家の不当な侵害を排除するという，いわゆる自由権
　　としての性格を有することに意義がある。

2　労働基本権は，私企業の勤労者について保障されるもの
　　であって，公務員はその地位の特殊性と職務の公共性から
　　みて，原則として労働基本権が否定されている。

3　労働基本権は，単に使用者に対する勤労者の権利にとど
　　まらず，使用者対勤労者の関係がない場合においても認め
　　られるべきであるから，勤労者以外の団体についても保障
　　される。

4　労働基本権は，使用者対労働者の関係において労働者に
　　与えられた権利であって，労働者以外の個人やその団体に
　　まで与えられた権利ではない。

5　労働基本権は，公務員についても保障されているから，
　　身分保障などの適切な代償措置があることを理由として，
　　争議行為及びあおり行為等を禁止することは憲法に違反す
　　る。

正解チェック欄	1回目	2回目	3回目	**A**

　労働基本権とは，賃金によって生活している労働者に人間らしい生活のために必要不可欠のものとして保障された勤労の権利＝労働権（憲法27条）と，憲法28条が保障する勤労者（労働者）の団結権，団体交渉権，団体行動権（争議権）の労働三権を総称する概念である。

1　誤り。労働基本権は，通例の自由権の範囲内では認められないものを社会権として保障し，労働者に使用者と対等の立場に立つことができるようにしたものなのである。

2　誤り。公務員は，その地位の特殊性と職務の公共性があるとはいえ，労働基本権は原則として認められている。

3　誤り。憲法28条には勤労者と明記してあるから勤労者以外の団体には保障されていないと解されている。

4　正しい。労働基本権は，使用者対労働者の関係において**労働者に与えられた権利**である。労働者以外の個人やその団体については，信教や表現など他の基本的人権の問題である。

5　誤り。公務員には「公共の福祉」のために働くという命題があり，政治的中立性も必要であるので，争議行為や**あおり行為**は正当な行使の範囲を逸脱（いつだつ）するとみなされて禁止されても違憲ではないとされている。

正解	4

そそのかしまたはあおる

　何人も，一般職の公務員及び国営及び地方公営企業の職員に争議行為を行うことをそそのかし，またはあおることを禁止されている（地公法37条1項，地方公営企業労働関係法11条1項等）。「そそのかし，あおる」とは，特定または不特定の職員に働きかけて，業務の正常な運営を阻害する行為をなすように仕向ける一切の行為の総称である。

Q 41 公務員の労働基本権

★★

公務員の労働基本権について最高裁判所が示した判断の要旨として妥当なのは，次のどれか。

1 全逓東京中郵事件判決（昭和41年10月26日）では，公共企業体職員の勤務条件は法律及び予算の形式で決定すべきものであり，団体交渉権やその一環としての争議権は憲法上当然に保障されているものとはいえないとしている。

2 全逓東京中郵事件判決（昭和41年10月26日）では，公共企業体職員は国民全体の奉仕者として公共の利益のために勤務し，団体交渉権等について一般勤労者と異なった取扱いを受けても違憲ではないとしている。

3 全農林警職法事件判決（昭和48年4月25日）では，公務員の職務には公共性がある一方，法律により勤務条件が定められ，身分が保障されているほか，適切な代償措置が講じられているから，公務員の争議行為等を禁止するのは国民全体の共同利益の見地からするやむを得ない制約であるとしている。

4 全農林警職法事件判決（昭和48年4月25日）では，国家公務員法上の争議行為禁止の規定は，争議行為のあおり行為等については，争議行為に通常随伴して行われる行為は当然には処罰の対象とはならないとしている。

5 全逓名古屋中郵事件判決（昭和52年5月4日）では，労働基本権は国民生活全体の利益の保障という見地から制約されるが，制限に見合う代償措置を講ずること等を考慮してその制限の合憲性の有無を決定すべきとしている。

| 正解チェック欄 | 1回目 | 2回目 | 3回目 | A |

　公務員の労働基本権（ストライキ権）の制限に関する最高裁の判例は，変遷を続けている。が，大別して三つの時期に分けられる。

　第一期は，憲法制定（昭21.11.3公布，昭22.5.3施行）以降，全逓東京中郵事件判決（昭41.10.26）前までである。政令201号事件判決（最大判昭28.4.8）において，憲法13条の「公共の福祉」と憲法15条の「全体の奉仕者」を根拠に，公務員の労働基本権の一律禁止を合憲としていた。

　第二期は，**全逓東京中郵事件判決**に始まり，昭和44年の**都教組事件判決**（最大判昭44.4.2）等までである。この時期には，最高裁は，それまでの態度を一変させ，**労働基本権保障**の意義を重視し，権利制限に著しく慎重になった。

　しかし，第三期は，昭和48年の全農林警職法事件判決（最大判昭48.4.25）から，再度の判例変更が行われた。公務員の争議行為の一律禁止を合憲と判断するなど労働基本権の制限を広く認める態度をとることとなる。

　この判決は，地方公務員法に関する岩手教組学テ事件判決（最大判昭51.5.21）や国営企業労働関係法（昭61）の前身である公共企業体等労働関係法（昭23）に関する全逓名古屋中郵事件（最大判昭52.5.4）にも同様の見解が示され，その後の判例は，この考えが踏襲されている。また，政治的行為の禁止についても，猿払事件最高裁判決（最大判昭49.11.6）により合意されている。

　1　誤り。全逓名古屋中郵事件判決の判旨（最大判昭52.5.4）

　2　誤り。政令201号事件判決の判旨（最大判昭28.4.8）

　3　妥当。全農林警職法事件判決の判旨（最大判昭48.4.25）

　4　誤り。都教組事件判決（最大判昭44.4.2）及び全司法仙台事件判旨（最大判昭44.4.2）

　5　誤り。全逓東京中郵事件判決の判旨（最大判昭41.10.26）

正解　3

42 財産権と補償の要否

★★

憲法に定める財産権に関する記述として妥当なのは，次のどれか。

1　財産権は，これを侵してはならず，公共の福祉を理由としても制限することのできない絶対的な権利である。

2　財産権は，これを侵してはならず，財産権の内容を法律で定めることは許されない。

3　財産権は，これを侵してはならないが，公共のために私有財産を正当な補償の下に用いることができる。

4　財産権は，これを侵してはならないが，このことは私有財産制を制度として保障したものではない。

5　財産権は，これを侵してはならず，地方公共団体が財産権の行使を条例で制限することはできない。

　憲法 29 条は，「財産権は，これを侵してはならない」（1 項）として財産権の不可侵性を認めているが，同時に「財産権の内容は，公共の福祉に適合するように，法律でこれを定める」（2 項）として「公共の福祉」による財産権の制限を認めており，財産権を絶対不可侵の自然権とみる 18〜19 世紀の考え方はとっていない。

1　誤り。憲法 29 条 2 項で財産権の内容について公共の福祉による制約があることを明示している。

2　誤り。憲法 29 条 2 項「財産権の内容は，公共の福祉に適合するように，法律でこれを定める」としている。

3　妥当。憲法 29 条 3 項「私有財産は，正当な補償の下に，これを公共のために用いることができる」の通りである。

4　誤り。**財産権の保障**の意味は，第一に，国民の有する個々の財産権が国家による侵害を受けないこと，第二に，個々の財産権が侵害されない前提として私有財産制を制度的に保証していることである。

5　誤り。憲法上財産権を侵してはならない（憲法 29 条 1 項）とされ，また，その内容は法律でこれを定めること（同条 2 項）とされているが，憲法 29 条に従って「法律の範囲内で」制定される条例によって，財産権に制限を加えることは許容される。最高裁は，地方公共団体は財産権の行使を条例で制限できるとされている「（適法な財産権の行使でない，ため池損壊の原因となる）行為を条例をもって禁止，処罰しても憲法および法律に抵触またはこれを逸脱するものとはいえないし，また右条項に規定するような条項を，既に規定していると認むべき法令は存在していないのであるから，これを条例で定めたからといって，違憲または違法の点は認められない」と判示している（最大判昭 38.6.26 奈良県ため池条例事件）。

正解　3

Q 43 「財産」ではなく財産「権」

★★

憲法の保障する権利及び自由のなかには，憲法の規定によって一定の制度に対して特別の保護が与えられた結果保障されることとなるものがあるといわれるが，次のうちのどれか。

1 思想及び良心の自由

2 等しく教育を受ける権利

3 勤労者の団結する権利

4 私有財産を侵されない権利

5 職業選択の自由

| 正解チェック欄 | 1回目 | 2回目 | 3回目 | **A** |

1　誤り。憲法 19 条は「思想及び良心の自由は，これを侵しては
ならない」と規定し，いわゆる「内心の自由」を保障している。
すなわち思想・良心という，人の精神の自由を保障している。
「思想及び良心」とは，世界観，人生観，主義，主張などの個人
の人格的な内面的精神作用を広く含むものと解される。

2　誤り。教育は，個人が人格を形成し，社会において有意義な生
活を送るために不可欠の前提をなす。憲法 26 条は「すべて国民
は，法律の定めるところにより，その能力に応じて，等しく教育
を受ける権利を有する」と定めている。

3　誤り。団結権とは，労働者の団体を組織する権利（労働組合結
成権）であり，労働者を団結させて使用者の地位と対等に立たせ
るための権利である。

4　正しい。憲法 29 条 1 項は，「財産権は，これを侵してはならな
い」と規定する。この規定は，個人の現に有する具体的な財産上
の権利の保障と，個人が財産権を享有しうる法制度，つまり私有
財産制の保障という二つの面を有する。個人が現に有している財
産権を侵害されないとする制度が存在していなければならないこ
と，つまり私有財産制の制度的保障の意味である。個々の権利で
はなく，制度そのものを保障することを**制度的保障**という。私有
財産制のほか，政教分離（20 条　信教の自由），大学の自治（23
条　学問の自由）などを制度として保障している。

5　誤り。憲法 22 条 1 項の保障する職業選択の自由は，自己の従
事する職業を決定する自由を意味する。自己の選択した職業を遂
行する，すなわち営業の自由もそれに含まれる。

　なお，思想及び良心の自由（19 条），等しく教育を受ける権利
（26 条 1 項），勤労者の団結権（28 条），職業選択の自由（22 条
1 項），これらは，それぞれ各人に具体的権利として固定的に保
障したものである。

正解　4

Q 44 憲法 25 条の法的性格

★★★

「憲法は，『すべて国民は，　A　で文化的な　B　の生活を営む権利を有する。』と定めているが，これは，　C　の理念に基づいて国民の生活面に対し，　D　という権利を国民に保障したものである。」

上文の空欄A〜Dにあてはまる語句の組合せとして妥当なのは，次のどれか。

	A	B	C	D
1	健　康	幸福追求	社会権	受益権
2	健　康	最低限度	社会権	生存権
3	健　康	最低限度	平等権	受益権
4	快　適	幸福追求	平等権	生存権
5	快　適	最低限度	平等権	生存権

| 正解チェック欄 | 1回目 | 2回目 | 3回目 | **A** |

　憲法25条は，「すべての国民は，健康で文化的な最低限度の生活を営む権利を有する。国は，すべての生活部面について，社会福祉，社会保障及び公衆衛生の向上及び増進に努めなければならない」と規定する。このことは，平時・非常時を問わず，常に遵守されなければならず国はその実現に重要な責務を負っている。

　しかし，現実には，たとえば災害で生き延びた後，復旧・復興も過程で命を落としたり，生活再建ができずに苦しむ被災者が少なくない。このことは，自然の猛威そのものに原因があるというのではなく，憲法がうたっている目標に対する施策が欠如していることから生じているのである。

　さて**25条の法的性格**については，①国民の生活を積極的に確保することを努めなければならないという国家の政治的責任を定めたもの（プログラム規定説），②社会保障立法などの法律を介し，国が法的にもその実現の義務を負う，③国が②の義務を怠っている時は，憲法25条を根拠とし国に対して具体的に請求ができるとする。②が多数説。

　生存権に関する有名な裁判として，①生活保護基準について争われた朝日訴訟，②福祉立法における併給禁止条項が争われた堀木訴訟などがある。判例は生存権の実現について広汎な立法・行政裁量を認めているのが特色である（Q 48参照）。

　憲法25条は生存権に関する規定であり，生存権は，社会権（基本的人権の分類の一つで，社会的基本権または生存権的基本権ともいわれ，日本国憲法では，生存権（25条），教育を受ける権利（26条），勤労権（労働権）（27条），労働者の団結権・団体交渉権・争議権（28条）がこれに属する）に属する基本的人権である。

　憲法25条1項の規定の背景には，**福祉国家**（国民の福祉の増進を目的とする国家）の観念，社会権の理念があるといわれている。

| 正解 | 2 |

Q 45 学習権

★★★

社会権に関する記述として妥当なのは，次のどれか。

1 憲法は，25条で生存権を保障しており，国民が健康で文化的な最低限度の生活を営むために必要な措置を国家に請求することができると定めている。

2 憲法は，13条と25条で環境権を保障しており，国民が公害の防止や健全な生活環境の保全などを具体的に国家に請求することができると定めている。

3 憲法は，教育を受ける権利（26条1項）を保障しており，その背後には，子どもはその学習要求を充足するための教育を自己に施すことを大人一般に対して要求する権利を有するとの観念が存在しているとするのが判例である。

4 憲法は，勤労権を保障（27条）しているが，これは国民が職を失った場合に勤労の機会を私企業に対して具体的に請求することができる権利である。

5 憲法は，労働基本権（28条）として団結権及び団体交渉権を保障しているが，団体行動権については，使用者の財産権に抵触することから憲法に定めはない。

正解チェック欄	1回目	2回目	3回目	**A**

1 誤り。生存権の性質について，最高裁判例（昭23.9.29食糧管理法違反事件）は「この規定により直接に個々の国民は国家に対して具体的，現実的に（請求行為を行えるような）かかる権利を有するのではない」としている。具体的な請求権は，法律（生活保護法）等により定められるべきものとされている。

2 誤り。憲法は明文で環境権を定めていない。環境権は，一般に，人間生活にかかわる大気，水，日照，静穏などに関して良好な環境を享受することである。公害問題の深刻化に伴って提唱された新しい概念であり，憲法25条，13条などにその根拠が求められている。

3 妥当。判例では，憲法26条の規定の背後には，**国民各自が学習をする固有の権利（学習権）**を有すること，特に，自ら学習することのできない子どもは，その学習要求を充足するための教育を自己に施すことを大人一般に対して要求する権利を有するとの観念が存在しているとしている（最大判昭51.5.21旭川学テ事件）。

4 誤り。勤労の権利（憲法27条）も社会権の一つである。通説は，「働く意思と能力をもつが就労の機会を得られない国民に対し，国は，一定の配慮をすべきことを命じているのが本条項の意味であり，職を得られない国民が，本条項を直接の根拠として，国に就労の機会を与えるよう請求できるわけではない」とする。

5 誤り。団体行動権についても，団結権及び団体交渉権の二つの権利と同じく憲法28条で規定されている。団体行動権は団体交渉の実質的対等を図るため，保障される権利で，ストライキ，サボタージュなどを行う権利（争議権）がそれに含まれる。

正解	3

Q | 46 現行憲法に初めて規定された基本的人権

★★

次のうち，明治憲法には規定がなく，現行憲法に初めて規定
された基本的人権はどれか。

1 請願権

2 信教の自由

3 集会・結社の自由

4 居住・移転の自由

5 教育を受ける権利

正解チェック欄	1回目	2回目	3回目	**A**

　明治憲法（大日本帝国憲法）の下では，憲法中に教育に関する権利が明記されていないのはもとより，教育法制における勅令主義（明治憲法下における法形式の一つで，天皇がその大権に基づき，帝国議会の協賛を経ることなく制定・公布した命令）の採用によって，公教育の編成に国民が議会を通して関与する途が閉ざされていた。

　また，教育は，天皇の意思を体現したものとされる教育勅語の「忠君愛国（天皇に忠義を尽くし，国を愛すること）」イデオロギーに基づく国民教化のための手段とみなされていた。

　明治憲法にはなく，現行憲法上初めて規定された基本的人権は「教育を受ける権利」（26条）である。その教育とは，学校教育だけでなく，社会教育など，社会的・公共的な教育も含む。

　憲法26条1項では，すべての国民は，「ひとしく教育を受ける権利」を保障するとともに，2項で，「保護する子女に普通教育を受けさせる義務」があること，及び義務教育の無償を定めている。

　このように**「教育を受ける権利」**に対応するのは，①国の教育条件整備義務，②教師の教育責務，そして26条2項に定める，③国民の「保護する子女に普通教育を受けさせる義務」である。この権利は，憲法が26条に定めているので社会権の一つとされる。

　特に，教育を受ける権利は，**子どもの学習権**を保障したものである。この権利に対応して，子どもに教育を受けさせる義務を負うのは，一次的には親（あるいは親権者）である。

　なお，教育権の所在については，判例（最大判昭51.5.21旭川学テ事件）は，国と国民（親及び教師を中心）にあるとしている。

　2項で定める「無償とは，授業料の無償の意味である」とするのが，義務教育無償制事件判例（最大判39.2.26）で，現在は，「義務教育諸学校の教科用図書の無償措置に関する法律」（昭38）により義務教育用の教科書は無償である（Q48参照）。

正解	5

Q 47 教育を受ける権利

★★★

憲法に定める教育を受ける権利に関する記述として妥当なのは，次のどれか。

1 教育を受ける権利は，その内容が広汎かつ多面的であるから，法的権利であるといっても抽象的な面があることは否定できないが，義務教育の無償については国民の具体的権利として保障されている。

2 教育を受ける権利は，ひとしく保障されなければならないので，各人の精神的，肉体的な能力の違いに応じて異なった教育をすることは許されない。

3 教育を受ける権利は，社会権的性格を有するものでなく，国民が国家に対して合理的な教育制度と施設を通じて適切な教育の場を提供することを要求することはできない。

4 教育を受ける権利は，義務教育を受ける権利をいい，高等教育，社会教育及び生涯教育についてはその対象から除外されている。

5 教育を受ける権利は，子女に対して教育を受けさせる義務を保護者に負わせることによって担保されているが，保護者がこの義務に違反しても罰則を科せられることはない。

正解チェック欄	1回目	2回目	3回目	

　憲法26条1項は，「すべて国民は，法律の定めるところにより，その能力に応じて，ひとしく教育を受ける権利を有する」と規定している。この規定は，平等原則の教育への実現をあらわし，教育の機会均等すなわち人種，信条，性別，社会的身分，経済的地位又は門地によって教育上差別されないことを定めるとともに，**社会権として教育を受ける権利を保障**している。教育を受けることは，健康で文化的な生活を営むための不可欠の要件をなすものであるからである。

1　妥当。教育を受ける権利は，生存権の文化的側面を担っており，プログラム規定であり，特定個人が本条によって教育を受けるにあたって必要な費用の支払を国家に請求しうるというような具体的権利まで与えているものではない。が，26条2項において国は義務教育を無償で提供しなければならないと定めている。

2　誤り。「ひとしく」とは，人種，門地などによっては差別なくの意であり教育を受けるに必要な能力（学力・健康）に応じて，教育を受ける機会を与えられるべきであると解されている。

3　誤り。教育を受ける権利は，憲法上生存権の文化的側面を狙っている社会権として位置付けられており，又この権利を実現できるような必要な措置を要求する権利も含まれると解されている。

4　誤り。教育を受ける権利の「教育」とは，義務教育に限られず，又，学校による教育だけを意味するものではない。**高等教育，社会教育，生涯教育**に関して意味を有するものである。

5　誤り。保護者の就学義務とその違反の罰則を定めている。学校教育法第2章・義務教育には，次の規定がある。①16条（普通教育を受けさせる義務），②17条（小学校等に就学させる義務），③144条（保護者の義務違反の処罰）・17条1項又は2項の義務の履行の督促を受け，なお履行しない者は，10万円以下の罰金に処する。

正解	1

Q 48 社会的基本権の主な判決

★★★

社会的基本権について，最高裁判所が示した判断の要旨として妥当なのは，次のどれか。

1 **食糧管理法違反事件に関する判決**（昭和23年9月29日）では，日常生活における不足食糧の購入運搬は，憲法25条の規定により直接的に現実の生活を保障した生存権の行使に当たるので，憲法に違反しないとした。

2 **朝日訴訟に関する判決**（昭和42年5月24日）では，生活保護法に基づき厚生大臣が定める保護基準は，国民の健康で文化的な最低限度の生活を維持する憲法25条の理念を満たさず無効であるとした。

3 **堀木訴訟に関する判決**（昭和57年7月7日）では，憲法25条の趣旨にこたえて具体的にどのような立法措置を講ずるかは立法部の広い裁量にゆだねられており，公的年金相互間の併給調整を行うかどうかも立法裁量の範囲に属するとして，当該併給調整は違憲とはいえないとした。

4 **教科書費国庫負担請求に関する判決**（昭和39年2月26日）では，憲法26条の規定する義務教育の無償制とは，保護者の教科書等費用負担についても国がこれを軽減しなければならないものであるとした。

5 **旭川学力テスト事件に関する判決**（昭和51年5月21日）では，国民教育権説を採用し，国は子どもの教育の内容及び方法については原則として介入してはならないとした。

正解チェック欄	1回目	2回目	3回目	Ⓐ

1 誤り。本判決は，「(憲法25条の規定)により直接に個々の国民は，国家に対して具体的，現実的にかかる権利を有するものではない」として，25条の規定が個々の国民の具体的な請求権を保障したものではない(いわゆる**プログラム規定**)としている。

2 誤り。本判決は，「何が健康で文化的な最低限度の生活であるかの認定判断は，一応厚生大臣の合目的的な裁量に委ねられており」「原判決の確定した事実関係の下においては……与えられた裁量権の限界を越え，または裁量権を濫用した違法があるものとはとうてい断定することができない」としている。

3 妥当。本判決は，「① 25条の規定の趣旨にこたえて具体的にどのような立法措置を講ずるかの選択決定は，立法府の広い裁量にゆだねられており，それが著しく合理性を欠き明らかに裁量の逸脱濫用と見ざるをえないような場合を除き，裁判所が審査判断するのに適しない。②社会保障給付の全般的公平を図るため，公的年金相互間における併給調整を行うかどうかは立法府の裁量の範囲に属する」としている。

4 誤り。本判決は，「(憲法26条2項の)無償とは授業料不徴収の意味と解するのが相当であり」，「授業料のほかに，教科書，学用品その他教育に必要な一切の費用まで無償としなければならないことを定めたものと解することはできない」としている。ただ，1963年以降は，教科書の無償配布が「義務教育諸学校の教科用図書の無償措置に関する法律」によってなされている。

5 誤り。本判決は，「国は，国政の一部として広く適切な教育政策を樹立，実施すべく，またしうる者として，……必要かつ相当と認められる範囲において教育内容についてもこれを決定する権能を有するものと解さざるを得ず」としている。

正解	3

Q | 49 不法な逮捕・抑留もしくは拘禁

★★

　憲法に定める不法な逮捕からの自由，又は不法な抑留若しく
は拘禁からの自由に関する記述として妥当なのは，次のどれ
か。

1　何人も，権限を有する検察官が発する令状によらなけれ
　ば，いかなる場合にも，逮捕されない。

2　何人も，現行犯の場合，司法官憲が発する令状によらな
　ければ逮捕されないが，その令状には理由となっている犯
　罪の明示は必要でない。

3　何人も，正当な理由がなければ抑留されず，要求があれ
　ば，その理由は，直ちに本人のみの出席する非公開の法廷
　で示されなければならない。

4　何人も，国により弁護人がつけられなければ抑留され
　ず，また，抑留の理由は，直ちにその弁護人の出席する非
　公開の法廷で示されなければならない。

5　何人も，理由を直ちに告げられ，かつ，直ちに弁護人に
　依頼する権利を与えられなければ，抑留又は拘禁されな
　い。

| 正解チェック欄 | 1回目 | 2回目 | 3回目 | Ⓐ |

憲法33条の規定（逮捕の要件^{たいほ}）にあるように，犯罪による逮捕に司法官憲（裁判官）の発する令状（逮捕状，勾引状^{こういん}，勾留状^{こうりゅう}）を必要とするとしたのは，恣意的な人身の自由の侵害を阻止するためである（刑事訴訟法199条・200条）。

　もっとも，逮捕の直後に令状が発せられる，いわゆる緊急逮捕（刑訴法210条）については，異論はあるものの，一般に合憲と解されている。

　憲法34条の条文にもあるように，身体の拘束のうち，一時的なものが抑留^{よくりゅう}，より継続的なものが拘禁^{こうきん}である。刑事訴訟法にいう逮捕・勾引に伴う留置は前者に，勾留・鑑定留置は後者に当たる。拘禁の場合には，公開法廷でその理由を示すべきことを要求することによって，不当な拘禁の防止がはかられる。刑事訴訟法に定める勾留理由開示の制度（82条以下）は，その趣旨を具体化したものである。

1　誤り。「いかなる場合にも，逮捕されない」とあるが，「現行犯」としてなら逮捕できる（憲法33条，刑訴法213条）。

2　誤り。「現行犯の場合，司法官憲が発する令状によらなければ逮捕されない」とある。ただし「緊急已むを得ない場合に限り，逮捕後直ちに裁判官の審査を受けて逮捕状の発行を求めることを条件として，被疑者の逮捕を認めることは，憲法33条規定の趣旨に反するものではない」（**緊急逮捕の合憲性**）と判示している（最大判昭30.12.14）。

3　誤り。憲法34条後段「本人及びその弁護人の出席する公開の法廷」が正しい。

4　誤り。「国により弁護人がつけられなければ……」と「その弁護人の出席する非公開の法廷…」の部分が誤っている。

5　妥当。憲法34条・前段の規定から，その通りである。

| 正解 | 5 |

Q 50 住居侵入・捜索及び押収に関する保障

★

　住居侵入，捜索及び押収に関する保障規定である憲法 35 条の規定が行政手続にも適用されるか否かに関する判例・通説の見解として妥当なのは，次のどれか。

1　本条の趣旨は行政手続においても尊重されねばならず，刑事手続に移行する可能性のない行政手続についても本条が適用される。

2　本条の趣旨は行政手続においても尊重されねばならず，形式的には行政手続でもその手続が刑事手続に移行する可能性をもつ場合には本条が適用される。

3　本条の趣旨は刑事手続の適法性を確保し人身の自由を保障しようとするものであり，行政手続について本条が適用される余地はない。

4　本条は原則として刑事手続についてだけ適用されるものであるが，行政手続についても行政庁の許諾を条件に本条が適用される。

5　本条は行政手続が人身の自由を侵害する場合に適用されるが，単に財産権を侵害するにとどまる場合は本条が適用される余地はない。

正解チェック欄	1回目	2回目	3回目	A

　憲法35条1項は「何人も，その住居，書類及び所持品について，侵入，捜索及び押収を受けることのない権利は，第33条の場合を除いては，正当な理由に基いて発せられ，且つ捜索する場所及び押収する物を明示する令状がなければ，侵されない」と規定している。

　これは，（現行犯人を逮捕する場合は例外として）公権力による住居の侵入，捜索，押収につき**令状主義の原則**を定めたものである。

　35条2項は，「捜索又は押収は，権限を有する司法官憲が発する各別の令状により，これを行う」と規定し，捜索，押収につき，裁判官の発する各別の令状によることを定めている。

　この場合の令状は，個々の捜索，押収につき各々別個の令状でなければならず，捜査令状を兼ねることは許されない。

　憲法35条は，もともと刑事手続において公権力が不法な侵入・押収を行うのを防止することを目的とするものであるが，**刑事手続以外（行政手続）**でも実質上刑事責任追及に直接結びつく作用をもつ手続には適用されるとするのが通説である。

　ただ，刑事責任追及と関係なく，特定の行政目的のためになされる臨検・立入検査（食品衛生法28条・労働基準法101条・医薬品，医療機器等の品質，有効性及び安全性の確保等に関する法律69条・火薬法43条・質屋法24条・駐車場法18条等）に適用がないのは当然である。

　判例は，本条の趣旨は，行政的調査のうち，「実質上，刑事責任追及のための資料の取得収集に直接結びつく作用を一般的に有するもの」には及ぶと解している（最大判昭47.11.22川崎民商事件）。

　法律が裁判官の許可を必要と定めている，国税犯則事件調査のための収税官吏の臨検，捜索，差押等（国税通則法132条）などがその例である。

正解	2

Q. 51 勤労の義務

★

憲法に定める勤労の義務に関する記述として妥当なのは，次のどれか。

1　勤労の義務は，明治憲法にも明文で規定されており，国民が自らの勤労によって自らの生活を維持することを国家が法的に強制するものである。

2　勤労の義務は，国民に勤労を法的に強制できるような具体的な義務ではなく，国民が自らの勤労によって自らの生活を維持すべきことを意味するものである。

3　勤労の義務は，勤労の能力を有しその機会があるにもかかわらず勤労しようとしない者に対して，国家が勤労を強制する可能性を認めたものである。

4　勤労の義務は，国民が国家から勤労を義務づけられる可能性を認めたものであり，非常災害時の救助活動を義務づけているのはこのあらわれである。

5　勤労の義務は，明治憲法にも明文で規定されており，国家が服役者に定役を強制しているのはこのあらわれである。

明治憲法（大日本帝国憲法，明治 22 年 2 月 11 日公布，同 23 年 11 月 29 日施行）は，臣民（君主に従属する者としての国民）の義務として，納税の義務（21 条）及び兵役（国民の義務としてある期間，軍務に服すること）の義務（20 条）を定めていた。これに対して日本国憲法は，納税の義務（30 条），教育の義務（26 条 2 項）とともに勤労の義務（27 条 1 項）を明文で定めた。すなわち，「すべて国民は，勤労の権利を有し，義務を負う」とされている（27 条 1 項）。ここに規定される勤労の義務は，国民が自主的に完全就業できるよう，また，それが不可能な場合は国が就業の機会を与え，あるいは生活の確保のための資金の給付をするよう努力することが国の政治責任であることを宣言したものである。

1　誤り。明治憲法で勤労の義務は，明文で規定されてはいない。

2　妥当。**勤労の能力のある国民**は，財産があるからといって寝て暮らさず，多かれ少なかれ社会的に有用な労働に従事すべきであるという，精神的・道徳的な義務を宣言したものである。もちろん，18 条（奴隷的拘束及び苦役からの自由）に反する強制労働が認められるわけではないのはいうまでもない。

3　誤り。具体的労働義務を課するものではなく，まして強制労働の根拠となるものではない。

4　誤り。国民が勤労を義務づけられる可能性を認めたものではない。つまり，「法律上の義務ではなく，国民の勤労に対する心構えを示す」という倫理的な意味である。

5　誤り。明治憲法には，勤労の義務についての規定は置かれていない。国家が服役者（懲役に服する者）に定役を強制している根拠はかつては監獄法（明 41 年公布，監獄における自由束縛の限度・方法などを定めたもの）であった。現在は刑事収容施設及び被収容者等の処遇に関する法律（平 17. 5 .25 法 50）である。

正解　2

Q 52 勤労の権利及び義務

★

憲法に規定する勤労の権利及び義務に関する記述として正しいのは，次のどれか。

1 勤労の権利は，自由権的基本権としての性格を有するから，外国人には適用されない。

2 勤労の権利は，労働の自由を意味するものであり，また，国に対して職を請求することのできる具体的な権利である。

3 勤労の義務は，労働能力がありながら勤労をなそうとしない者には，生活保護を与えないという精神を表明したものとされている。

4 勤労の義務は，憲法に規定する苦役に該当しない限り，国が法律に基づき国民に勤労を強制することを認めるものである。

5 勤労の権利は，明治憲法には何ら規定されなかったが，勤労の義務は，明文で規定されていた。

正解チェック欄	1回目	2回目	3回目	

1 誤り。勤労の権利は，自由権的基本権ではなく，もっぱら国に義務づけることを内容とする**社会権**である。

2 誤り。通説は，「働く意思と能力をもつが就労の機会を得られない国民に対し，国は，一定の配慮をすべきことを命じているのが本条項の意味であり，職を得られない個々の国民が本条項を直接の根拠として国に就労の機会を与えるよう請求できるわけではない」とする。したがって，憲法 27 条 1 項は，立法者に対し将来の基本的方針を指示したプログラム規定と一般に解されている。もっとも国は，この権利保障に基づいて雇用対策法，職業安定法などが制定されている。

3 正しい。憲法 27 条 1 項の規定は，国民の勤労に対する心構えを示すという倫理的な意味であるとともに，労働の能力があるにもかかわらず，怠って労働しない者に対しては，国家は労働の機会の保障をしないことがあるという趣旨を示している。

4 誤り。勤労の義務は，**ワイマール憲法** 163 条 2 項と同様の倫理的義務であり，納税の義務のような公義務とは異なり，国民が具体的な勤労を強制される可能性を認めたものではない。

5 誤り。明治憲法上，勤労の義務の規定はない。

正解　3

ワイマール憲法

　1919 年 7 月，ワイマールで開かれた国民議会で成立したドイツ共和国憲法で，近代の民主主義憲法の一典型とされる。それは伝統的な自由権や平等権の保障の他にプログラム規定としてではあるが，人間に値する生活の保障を経済秩序の基本原理として掲げている。すなわち労働者の団結権・経営参加権・労働力の特別の保護について定めるなど，20 世紀憲法の特色である社会権的基本権の保障の先がけとなった。しかし，ヒトラー登場による，ナチスの政権掌握（1933 年 3 月）により消滅する。

Q 53　衆議院の優越が認められないもの

★★

衆議院の優越が認められないものは，次のどれか。

1　内閣総理大臣の指名の議決

2　条約の承認の議決

3　国会の会期を延長する場合

4　国会の休会を決める場合

5　法律案の再議決の場合

| 正解チェック欄 | 1回目 | 2回目 | 3回目 | A |

　明治憲法（大日本帝国憲法）では，衆議院に予算先議権を認めるとともに，**貴族院**（明治憲法下における上院（第2院）で，衆議院とともに帝国議会を構成した）に貴族院令の単独議決権を認めたほかは，二院対等の原則をとっていた。

　現行憲法（日本国憲法）は，多くの場合に，衆議院に優位を認めている。つまり解散のある衆議院を特に国民の意見を強く代表するものと考え，重要な事項について，衆議院の単独の議決があれば「国会の議決」があったものとしている。この理由としては，解散もなく，任期も長い参議院に対して衆議院に重点を置くほうが，①民主政治の徹底という点からみて望ましいこと，②国会の意思形成が容易になること，③議院内閣制のもとにおける内閣のあり方がより単純になり，行動に迷いの生ずる恐れが少なくなって，かえって内閣の立場が強化されるからとしている。

　衆議院の優越が認められる例としては，①法律の議決の場合（59条2項），②予算の議決の場合（60条2項），③条約の承認の場合（61条），④内閣総理大臣の指名の場合（67条2項），⑤内閣に対する信任・不信任の決議権（69条），⑥予算先議権（60条），⑦国会の臨時会，特別会の会期を決定する場合，国会の会期を延長する場合（国会法13条），⑧会計検査官の任命について同意を与える場合（会計検査院法4条1項），などがある。なお，休会の決定については，両院対等である（国会法15条1項）。憲法61条は同60条2項を準用するが，衆議院予算先議について定める同60条1項は準用していない。したがって条約の締結に必要な国会の承認については，衆議院先議の場合も参議院先議の場合もある（国会法85条）。

| 正解 | 4 |

Q | 54　参議院のボイコット日数

★★★

　憲法に定める衆議院の優越に関する記述として妥当なのは，次のどれか。

1　法律案の議決については，衆議院と参議院とが異なった議決をした場合に，両議院の協議会を開いても意見が一致しないときは，衆議院の議決を国会の議決とする。

2　予算の議決については，衆議院と参議院とが異なった議決をした場合に，衆議院で総議員の過半数の賛成で再議決したときは，衆議院の議決を国会の議決とする。

3　条約の承認の議決については，衆議院と参議院とが異なった議決をした場合に，衆議院で出席議員の3分の2以上の賛成で再議決したときは，衆議院の議決を国会の議決とする。

4　内閣総理大臣の指名の議決については，衆議院が指名の議決をした後，国会休会中の期間を除いて10日以内に参議院が指名の議決をしないときは，衆議院の議決を国会の議決とする。

5　憲法改正の発議の議決については，衆議院が総議員の3分の2以上の賛成で発議の議決をした後，国会休会中の期間を除いて30日以内に参議院が発議の議決をしないときは，衆議院の議決を国会の議決とする。

| 正解チェック欄 | 1回目 | 2回目 | 3回目 | A |

　国会は，衆議院及び参議院の両議院で構成され（憲法42条）ている。国会の意思の成立には，原則として両議院の意思の一致が必要である。たとえば憲法59条1項には「法律案は，この憲法に特別の定めのある場合を除いては，両議院で可決したとき法律となる」とある。しかしながら，憲法は，両議院の意思が不一致の場合においても，国会の意思の不成立を避けるために，一定事項については衆議院の議決を国会の議決とするという衆議院の優越を認めている。衆議院に優越を認めたのは，**解散**があり，任期も短い衆議院がより国民の意思を代表すると考えられるからである。

　憲法上，法律の議決（59条2項），予算の議決（60条2項），条約の承認（61条）及び内閣総理大臣の指名（67条2項）について，衆議院の優越が認められている。それは国政に対する直接的な影響や国際関係を考慮し，上記以外の立法よりも迅速な成立を図る必要性があるからである。

1　誤り。この場合，両議院協議会を開いても意見が一致しないときは，憲法上規定がない。衆議院の議決を国会の議決とするには，59条2項で定める再議決が必要であると解される。

2　誤り。この場合，衆議院の再議決は必要なく，衆議院の議決が国会の議決となる（60条2項）。

3　誤り。この場合も予算の議決と同様に，衆議院の再議決は不必要で，衆議院の議決が国会の議決となる（61条）。

4　妥当。67条2項の通り。衆議院と参議院とが異なった指名の議決をした場合に，法律の定めるところにより，両議院の協議会を開いても意見が一致しないとき，又は衆議院が指名の議決をした後，**国会休会中の期間を除いて10日以内に**，参議院が，指名の議決をしないときは，衆議院の議決を国会の議決とする。

5　誤り。憲法改正の発議の議決については，両議院は対等であり（96条1項前段），衆議院の優越は認められない。

| 正解 | 4 |

Q 55　内閣不信任決議の効果

★★★

　憲法に定める衆議院の解散に関する記述として妥当なのは，次のどれか。

1　衆議院を解散することは，天皇が行う国事に関する行為とされており，衆議院の解散を実質的に決定する権限は，天皇が有している。

2　衆議院で内閣不信任の決議案を可決し，又は信任の決議案を否決したときは，内閣は，衆議院が解散されない限り，総辞職をしなければならない。

3　衆議院が解散されたときは，解散の日から60日以内に，衆議院議員の総選挙を行い，両院協議会は，内閣総理大臣を指名しなければならない。

4　衆議院が国会の開会中に解散されたときは，参議院は，当該会期の残存期間に限って国会の活動を行うことができる。

5　衆議院が解散され，国会が召集されるまでの間に，国会の議決を必要とする緊急の案件が生じた場合には，内閣が国会の権限を代行する。

正解チェック欄	1回目	2回目	3回目	**A**

1　誤り。天皇は内閣の助言と承認により，衆議院の解散等の国事行為を行うこととされており（憲法 7 条 3 項），解散を実質的に決定する権限を有してはいない。

2　妥当。憲法 69 条（内閣不信任決議の効果）の規定による。

3　誤り。衆議院が解散されたときは，解散の日から 40 日以内に衆議院の総選挙を行う（憲法 54 条 1 項）。また，内閣総理大臣は，国会の議決で指名される（憲法 67 条 1 項）。

4　誤り。衆議院が解散されると，参議院も同時に閉会となる（憲法 54 条 2 項）。

5　誤り。このような場合，内閣は**参議院の緊急集会**を求めることができ，そこでの議決が国会の議決となる（憲法 54 条 2 項）。

　　緊急集会でとられた措置は，臨時のものであって，次の国会開会後 10 日以内に衆議院の同意がない場合には，その効力を失う（憲法 54 条 3 項）。

正解　2

参議院の緊急集会

「衆議院が解散されたときは，参議院は，同時に閉会となる。但し，内閣は，国に緊急の必要があるときは，参議院の緊急集会を求めることができる」（憲法 54 条 2 項）。参議院の緊急集会は，参議院のみが有する権能である。すなわち，衆議院の解散後新しい国会が成立するまでの間（70 日間）に，国会の議決を必要とする緊急の案件が生じた場合，例外的に参議院のみで国会の権能を代行できるものとしたのである。

Q 56 衆議院の実質的解散権

★★★

　国権の最高機関である国会についての記述として正しいの
は，次のどれか。

1　国会は国の唯一の立法機関であるから，行政部による立
　法は特に法律の委任に基づく委任命令のみが認められてい
　る。

2　国会中心立法の原則により，すべての法律は国会の議決
　のみで成立し，他のいかなる関与も必要としない。

3　国会単独立法の原則により，国会への法律の発案権はす
　べて両議院の議員に専属し，法律を執行する内閣はこれを
　有していない。

4　両議院はすべて合成機関としての国会の権能のみを有
　し，各議院が単独で行使する権能は有していない。

5　衆議院の実質的解散権は内閣のみが有しており，衆議院
　が内閣を信任している場合でも解散権を行使できる。

| 正解チェック欄 | 1回目 | 2回目 | 3回目 | Ａ |

1　誤り。憲法は内閣がいわゆる委任命令のほかに憲法および法律の規定を実施するための命令すなわち執行命令を政令の形式で定めることを予定している（憲法73条6号）。**執行命令と委任命令**の差異は，後者には罰則を設けることができるという点にある。

2　誤り。95条の地方自治特別法の制定の場合は，国会の議決のほかに当該地方公共団体の住民投票による過半数の賛成が必要。

3　誤り。72条「…内閣総理大臣は内閣を代表して議案を国会に提出し…」の議案の中に法律案も当然に含まれている。

4　誤り。国政調査権（62条）は両議院に固有の権能である。内閣の不信任決議権（69条）は衆議院に固有の権能である。

5　正しい。**衆議院の形式的解散権は天皇**にあるが（7条3項），**実質的解散権は内閣**にある。衆議院の信任を得ていても解散権の行使は可能。なお解散権の根拠をめぐっては，①7条内閣説，②65条内閣説，③69条内閣説，④制度的内閣説（内閣が一般的に解散権を有するという説），⑤国会自律解散権（自立的な国会の決議による解散を可能とする説）などが唱えられている。

正解　5

執行命令と委任命令

　国民の権利義務に関する法規命令を，授権関係により分類すると，法律の規定または上級の命令の規定を執行するために発せられる執行命令と，個々の法律または命令の個別的委任に基づいて発せられる委任命令とがある。前者は，法律または上級の命令を実施するために必要な細則を定める命令である。執行命令は，○○法施行令，○○法施行規則などの形式をとって発布される。後者は，法律または上級の命令の委任に基づいて行政機関の行う立法である。法律（例えば公職選挙法）に基づいて発せられる政令（公職選挙法施行令），あるいは政令（公職選挙法施行令）に基づいて発せられる省令（公職選挙法施行規則）がある。

Q 57 国会の議決と法律案

★★★

国会の法律案の議決に関する記述として正しいのは，次のどれか。

1 法律案を衆議院が可決し，参議院がこれを受け取った後理由なく40日以内に議決しない場合は，衆議院の議決が国会の議決とみなされ法律となる。

2 法律案を衆議院が可決し，参議院がこれと異なる議決をした場合は，衆議院で出席議員の3分の2以上の多数で再び可決したときに法律となる。

3 法律案を衆議院が可決し，参議院が否決したとき両議院の協議会を開いても意見が一致しない場合は，衆議院の議決が国会の議決とみなされ法律となる。

4 法律案を参議院が可決し，衆議院がこれと異なる議決をした場合は，参議院で出席議員の4分の3以上の多数で再び可決したときに法律となる。

5 法律案を参議院が可決し，衆議院がこれを受け取った後理由なく60日以内に議決しない場合は，衆議院が参議院と同じ議決をしたとみなされ法律となる。

| 正解チェック欄 | 1回目 | 2回目 | 3回目 | A |

1　誤り。参議院が，衆議院の可決した法律案を受け取った後，国会休会中を除いて60日以内に議決しないときは，衆議院は，参議院がその法律案を否決したものとみなすことができるとされている（憲法 59 条 4 項）。

2　正しい。憲法 59 条 2 項の規定「**衆議院で可決し，参議院でこれと異なった議決をした法律案**は，衆議院で出席議員の 3 分の 2 以上の多数で再び可決したときは，法律となる」の内容の通りである。

3　誤り。両議院の協議会を開いても意見が一致しない場合は，衆議院が出席議員の 3 分の 2 以上の多数で可決したときに法律となる。なお，法律案について両院協議会の開催は任意的であるが，予算・条約・内閣総理大臣指名等の場合には必ずこれを開かなければならない（憲法 59 条・60 条・61 条・67 条）。

4　誤り。この場合も 3 と同じである。

5　誤り。こういう内容の規定はない。

| 正解 | 2 |

Q 58　国会の議決と予算案

★★★

国会の議決に関する記述として妥当なのは，次のどれか。

1　衆議院において可決された法律案については，参議院が衆議院と異なった議決をした場合に，衆議院で総議員の3分の2以上の議員が出席して，その過半数で再び議決したときは，衆議院の議決が国会の議決となる。

2　予算については，参議院が衆議院と異なった議決をした場合に，法律の定めるところにより両議院の協議会を開いても意見が一致しないときは，衆議院の議決が国会の議決となる。

3　条約の承認については，衆議院が承認の議決をした後，60日以内に参議院が議決しないときは，参議院が衆議院の議決に同意したものとみなされ，衆議院の議決が国会の議決となる。

4　内閣総理大臣の指名については，衆議院が指名の議決をした後，参議院が異なった議決をした場合，予算の議決と異なり両議院の協議会を開く必要はなく，衆議院の議決が国会の議決となる。

5　参議院の緊急集会において採られた措置については，臨時的なものであり，次の国会の会期中に衆議院の同意が得られない場合は，参議院の議決が国会の議決となる。

正解チェック欄	1回目		2回目		3回目		Ⓐ

　衆議院の議決と参議院の議決とが一致した場合に，国会の議決が成立する。両議院の議決が一致しない場合に，憲法は，一定の要件の下に，衆議院の単独の議決をもって，国会の議決があったものとすることがある。これは，憲法が，両院制より生じる国政の渋滞を避けるために，衆議院の権能を強化したものである。

1　誤り。衆議院で可決し，参議院でこれと異なった議決をした法律案は，衆議院で出席議員の3分の2以上の多数で再び可決したときは，法律となる（憲法59条2項）。

2　妥当。憲法60条2項「予算について，参議院で衆議院と異なった議決をした場合に，法律の定めるところにより，**両議院の協議会**を開いても意見が一致しないとき，又は参議院が，衆議院の可決した予算を受け取った後，国会休会中の期間を除いて30日以内に，議決しないときは，**衆議院の議決**を国会の議決とする」による。

3　誤り。条約の締結に必要な国会の承認については，憲法60条2項の規定が準用される（憲法61条）。

4　誤り。内閣総理大臣の指名については，衆・参両院の指名が異なった場合には必ず両院協議会を開かなくてはならない（憲法67条2項）。

5　誤り。参議院の緊急集会において採られた措置については，臨時のものであって，次の国会開会の後10日以内に，衆議院の同意がない場合には，その効力を失う（憲法54条3項）。

正解	2

Q 59 弾劾裁判所とは

★

弾劾裁判所に関する記述として正しいのは，次のどれか。

1　弾劾裁判所は，国会の機関であるが，常任委員会と異なり国会の閉会中も活動することができる。

2　弾劾裁判所は，常設の機関ではなく，裁判官に対する罷免の訴追のつど臨時的に設置される。

3　弾劾裁判所に対して，国民は特定の裁判官の罷免の訴追を直接行うことはできない。

4　弾劾裁判所による罷免の裁判による場合のほかは，憲法上，裁判官が罷免されることはない。

5　弾劾裁判所は，裁判官の罷免の裁判のほか，国会議員の資格争訟の裁判を行うことができる。

「国会は，罷免の訴追を受けた裁判官を裁判するために，両議院の議員で組織する弾劾裁判所を設ける」（憲法64条1項）。つまり，弾劾裁判所を設けることが国会の権限とされている。しかし，弾劾裁判そのものを行うのは，弾劾裁判所の権限であって，国会の権限でない。「弾劾に関する事項は，法律でこれを定める」（憲法64条2項）。

　その法律としては，国会法第16章の規定（弾劾裁判所）のほかに，裁判官弾劾法がある。弾劾裁判所（裁判官弾劾法は裁判官弾劾裁判所という——同法3条）の設置は国会の権限である。罷免の訴追を受けた裁判官を裁判するのは，国民の公務員罷免権（憲法15条1項）に由来するものである。

　したがって，国民の代表府たる国会がこれを設置するのが適当と考えられたわけであるが，同時にまた，それは，裁判所の違憲審査権に対応する権力均衡の原理の一つの表現でもある。

　いずれにしても，**弾劾裁判所は，国会によって設置**されるものであるが，それは国会の機関ではなく，独自の存在を有する憲法上の常設の機関である。

1　誤り。国会の権限に属するのは弾劾裁判所を設けることだけであって（憲法64条），弾劾裁判を行うのは弾劾裁判所の権限であり，弾劾裁判所は国会の機関ではない。

2　誤り。弾劾裁判所は，国会とは別な，**独立の常設機関**である。

3　正しい。罷免の訴追は，各議院においてその議員の中から選挙された同数の訴追委員で組織する訴追委員会が行う（国会法126条1項）。弾劾裁判所に直接罷免の訴追を行うことはできない。

4　誤り。裁判官の罷免は，憲法上，①弾劾裁判所における罷免の裁判によるほか，②執務不能の裁判による場合（憲法78条），③最高裁判所の裁判官について国民審査による場合（憲法79条）がある。

5　誤り。国会議員の資格争訟の裁判は，両議院が各々これを行う（憲法55条，国会法111～113条）。

| 正解 | 3 |

Q 60 両議院の議決の価値（対等である場合）

★★

　両議院の議決の価値について，衆議院の優位が認められることがなく，衆議院と参議院が対等であるものとして妥当なのは，次のどれか。

1　法律案の議決の場合

2　予算の議決の場合

3　条約の承認の場合

4　内閣総理大臣の指名の場合

5　憲法改正の発議の場合

| 正解チェック欄 | 1回目 | | 2回目 | | 3回目 | | A |

　衆議院と参議院の相互の関係について，日本国憲法は，内閣不信任決議権（69条），予算先議権（60条1項）などを特別に衆議院に認め，法律の議決（59条2項），予算の議決（60条2項），条約の承認（61条）および内閣総理大臣の指名（67条2項）の場合において衆議院の優越を認めている。**優越を認める理由**は，衆議院が内閣不信任決議権をもち（69条），任期および解散制の点から国民に参議院よりも接近しているからである。法律案，予算および条約，内閣総理大臣の指名などについて両議院の意見が対立した場合に，妥協案の成立をはかるため，両院協議会が設けられる（国会法84条～98条）。

　憲法の改正は，国会の発議，国民の承認，天皇の公布という三つの手続を経て行われる。ここに「発議」とは，通常の議案について国会法などで言われる発議（原案を提出することを意味する）とは異なり，国民に提案される憲法改正案を国会が決定することをいう。

　憲法の改正について，日本国憲法は，「各議院の総議員の3分の2以上の賛成で，国会が，これを発議し，国民に提案してその承認を経なければならない」（96条1項）と定める。天皇主権に基づく明治憲法が天皇に憲法改正の権限を付与していたのに対し，国民主権原理に立脚する現行憲法は国民自らが憲法改正権を保持するものとなっている。憲法は，主権者である国民を代表し，「国権の最高機関」の地位にある国会（憲法41条）が，憲法改正の発議をするのが適切であるとみて，この権能を国会に付与したのである。したがって衆参両議院の議決価値に優劣の差は認められない。

1　誤り。59条2項により衆議院が優越する。

2　誤り。60条2項により衆議院が優越する。

3　誤り。60条2項・61条により衆議院が優越する。

4　誤り。67条2項により，衆議院が優越する。

5　妥当。96条により，両院が対等であると解されている。

正解　5

Q 61　参議院の緊急集会

★★★

　参議院の緊急集会に関する記述として妥当なのは，次のどれか。

1　緊急集会は，参議院議員の通常選挙の日から10日以内に召集されなければならず，次の国会開会と同時に閉会となる。

2　緊急集会を求める権能は，その性質において国会の召集と同じであるため天皇に属し，また緊急集会の会期は20日間である。

3　緊急集会を求める権能は，参議院の独立を確保するため参議院議長に属し，また緊急集会の会期は延長することができる。

4　緊急集会において採られた措置は，内閣総理大臣の承認を得た場合には，常会において採られた措置と同等の効力を有する。

5　緊急集会において採られた措置は，臨時のものであり，次の国会開会の後10日以内に衆議院の同意がないときはその効力を失う。

| 正解チェック欄 | 1回目 | 2回目 | 3回目 | Ⓐ |

1　誤り。**参議院の緊急集会**は，衆議院の解散から新しい国会の召集までの最長 70 日間の緊急事態に対処するために設けられた。

2　誤り。憲法 54 条 2 項「衆議院が解散されたときは，参議院は同時に閉会となる。但し，内閣は，国に緊急の必要があるときは，参議院の緊急集会を求めることができる」とある。このことからも，緊急集会を求める権能は内閣にある。なお，天皇の国事行為は不必要とされている。

3　誤り。緊急集会を求めることができるのは，内閣だけであり，参議院議員にはその権能はない。緊急集会は，国会の召集とも異なるので，天皇の詔書の形式により参集するものではない。

　　内閣が緊急集会を求めるには，閣議の決定に基づいて（内閣法 4 条），内閣総理大臣から，集会の期日を定め，案件を示して，参議院議長にこれを請求しなければならない（国会法 99 条 1 項）。

　　緊急に国会の議決を要すると判断した内閣の求めによって集会が開かれるのであるから，この集会には会期の定めはない。緊急案件がすべて議決されたとき，議長は，緊急集会が終ったことを宣言することにより，集会が終了する（国会法 102 条の 2（終会の宣言））。したがって会期の延長はない。

4　誤り。**緊急集会でとられた措置**は，あくまで臨時的なものであり，暫定的な効力を有するにとどまる。その効力が将来的に確定するためには，次の国会開会後，10 日以内に，衆議院の同意を得なければならない（憲法 54 条 3 項）。衆議院の同意を求める手続は，緊急集会を求めた内閣が行うものとする（国会法 102 条の 4）。衆議院の同意が得られないとき，右の措置は，将来に向かって効力を失う（憲法 54 条 3 項）。

5　妥当。「前項但書の緊急集会において採られた措置は，臨時のものであって，次の国会開会の後 10 日以内に，衆議院の同意がない場合には，その効力を失う」（憲法 54 条 3 項）。

正解　5

Q | 62　国会議員の不逮捕特権

★★

　国会議員の特権に関する記述として妥当なのは，次のどれか。

1　国会議員は，法律の定めるところにより相当額の歳費を受けることができるが，その職務の性質上実費支弁的な手当を受けることはできない。

2　国会議員は，院外における現行犯罪の場合又は国会の会期中であってもその議院の許諾がある場合には，不逮捕特権が認められない。

3　国会議員は，国会の会期前に逮捕された場合，会期中に限ってはその議院の要求の有無にかかわらず釈放されなければならない。

4　国会議員は，議院で行った演説，討論について院外で責任を問われることはなく，またこの免責特権は政府委員，公述人や参考人にも適用される。

5　国会議員は，議院で行った討論，表決について院外で責任を問われることはなく，この免責特権は刑事責任に関してのみ認められる。

　議員が全国民の代表者として自由・独立に活動し，その地位にふさわしい職責を果たすように，憲法上の特権が与えられている。

　国会議員の特権としては，①歳費を受ける権利（憲法49条），②不逮捕特権（憲法50条），③免責特権（憲法51条）の三つが憲法に定められている。

1　誤り。議員は，法律の定めるところにより，国庫から相当額の歳費を受ける権利を持つ（憲法49条）。歳費は議員の勤務に対する報酬を意味する。憲法は歳費のみについて規定しているが，議員活動に必要な他の名目の給付を禁止しているとは解されない。「国会議員の歳費，旅費及び手当等に関する法律」により，旅費，通信費等の実費弁償的な手当が支給されている。

2　妥当。憲法50条は法律によって**不逮捕特権に特例**を設けることを認めている。これを受けて，国会法33条は「院外における現行犯罪の場合」と「院の許諾がある場合」を例外としている。

3　誤り。憲法50条は，会期前に逮捕された議員について，議院の要求がある場合にのみ会期中の釈放を規定している。

4　誤り。免責特権は国会議員以外の政府特別補佐人（国会法69条2項）と政府参考人（衆議院規則45条の2及び3），公述人や参考人には認められていない。なお，議員の免責を受ける行為は，議員として職務上行ったものでなければならないので，野次や私語は免責されない。

5　誤り。院外の責任とは，刑事上のみならず民事上の責任も含む。なお，院自身によって議員としての行動に懲罰が加えられることは免責特権と別の問題である（憲法58条2項）。

正解　2

Q | 63　国会議員の免責特権

★★★

　国会議員の有する憲法上の特権に関する記述として妥当なのは，次のどれか。

1　免責特権は，議員が議院で行った演説，討論又は表決について，院外において法的責任を免責されることをいい，議員がその職務を十分に果たし得るための保障として設けられている。

2　不逮捕特権は，議員が国会の会期中逮捕されず，会期前に逮捕された議員は，その属する議院の要求があれば，会期中釈放されることをいい，法律をもってしてもその例外を定めることができない。

3　免責特権は，議員が議院で行った演説，討論又は表決について，院外において法的責任はもとより，政治的責任や道義的責任についても免責されることをいい，議員でない国務大臣はこの特権を有しない。

4　不逮捕特権は，議員が国会の会期中逮捕されず，会期前に逮捕された議員は，内閣総理大臣の要求があれば，会期中釈放されることをいい，議院規則制定権とともに議院の自律権を構成する。

5　免責特権は，議員が議院で行った演説，討論又は表決について，院外において民事上の責任を免責されることをいい，刑事責任や公務員の懲戒責任の免責はこの特権に含まれない。

正解チェック欄	1回目	2回目	3回目	A

　国会議員が国民の代表者として自由・独立に活動し，その地位にふさわしい職責を果たすように，憲法は次の三つの特権を定めている。

(1)　不逮捕特権

「両議院の議員は，法律の定める場合を除いては，国会の会期中逮捕されず，会期前に逮捕された議員は，その議院の要求があれば会期中これを釈放しなければならない」（憲法50条）。この規定は，議員の身体の自由を保障し，政治権力によって，議員の職務の遂行の妨げにならないようにするため「不逮捕特権」を定めたものである。

(2)　免責特権（議員の発言表決の無答責）

「両議院の議員は，議院で行った演説，討論又は表決について，院外で責任を問われない」（憲法51条）。これは，議員の職務行為としての発言・表決は，院外において民事上の責任・刑事上の責任または公務員の懲戒上の責任にはならないことを保障したものである。ただ政治責任が追及されることはあり得る。

(3)　歳費を受ける権利

「両議院の議員は，法律の定めるところにより，国庫から相当額の歳費を受ける」（憲法49条）ので，国会法は，議員は，「一般職の国家公務員の最高の給料額より少なくない歳費を受ける」（35条）こと，また退職金・通信手当の保障を定めている（36条・38条）。歳費の性格については，議員の勤務に対する報酬とするのが通説である。

　1　妥当。上記(2)の説明（憲法51条）。

　2　誤り。上記(1)の説明（憲法50条，国会法33条）。

　3　誤り。「院外で責任を問われない」とは，民事上・刑事上などの法的責任を負わないことを意味する。しかし，政党や労働組合などの団体に対する政治的責任や倫理的責任は別問題である。

　4　誤り。「内閣総理大臣」ではなく「その議院」である。

　5　誤り。民事上の責任だけでなく，刑事責任や公務員の懲戒責任の免責もこの特権に含まれる。

正解	1

Q 64　議院の国政調査権とは

★★★

議院の権能に関する記述として妥当なのは，次のどれか。

1　衆議院は，国会の臨時会の召集を決定することができ，国に緊急の必要があるときには，参議院の緊急集会を決定することもできる。

2　衆議院は，任意に国務大臣を罷免することができ，院内の秩序を乱した議員を除名することもできる。

3　両議院は，各々憲法及び法律の規定を実施するために，政令を制定することができ，その政令には罰則を設けることもできる。

4　両議院は，各々国政に関する調査を行い，これに関して証人の出頭，証言及び記録の提出を要求することができる。

5　両議院は，各々逮捕された議員の釈放を決定することができ，有罪の言渡しを受けた議員の刑の執行の免除を決定することもできる。

正解チェック欄	1回目	2回目	3回目	**A**

　議院の権能とは，国会の機能とは別に両議院が権能を分かちもっている。各議院が議院として個別にもつ権能には，議院の自律権（憲法上独立した地位に由来する議院の各種の自主的権能）と，一般国政権（議院が他の国家機関に対し直接行使する権能）がある（憲法 62 条）。

ア　**議院の自律権**　①役員人事の自律権（憲法 58 条 1 項），②議院規則制定権（憲法 58 条 2 項），③議員の懲罰権（憲法 58 条 2 項），④議員の資格争訟に関する裁判権（憲法 55 条），⑤会議公開に関する権能（憲法 57 条 1 項），⑥議員逮捕の許諾（憲法 50 条）

イ　**一般国政権**　①国政調査権（憲法 62 条），②内閣の不信任決議案（衆議院）（憲法 69 条），③参議院の緊急集会（参議院）（憲法 54 条 2 項），④参議院緊急集会措置に対する同意（衆議院）（憲法 54 条 3 項）

1　誤り。臨時会召集の決定は，両院のいずれかの議員の 4 分の 1 以上の要求があれば決定しなければならない。決定するのは衆議院ではなく内閣である（憲法 53 条）。

2　誤り。任意に国務大臣を罷免できるのは内閣総理大臣である（憲法 68 条 2 項）。

3　誤り。政令は内閣によって制定される命令（憲法 73 条 6 号）。閣議の決定により成立し，天皇が公布する。

4　妥当。**議院の国政調査権**（憲法 62 条「両議院は各々国政に関する調査を行い，これに関して証人の出頭及び証言並びに記録の提出を要求することができる」の通りである。正当な理由なく出頭や証言を拒否したり，宣誓後に偽証したりした場合は刑事罰の対象となる。偽証罪は 3 月以上 10 年以下の懲役。病気で出席できない場合，委員を病院などに派遣して尋問することもできる。

5　誤り。両議院の議員は，法律の定める場合を除いては国会の会期中逮捕されず，会期前に逮捕された議員は，その議院の要求があれば会期中これを釈放しなければならない（憲法 50 条）。

正解　4

Q 65 証人の出頭・証言及び記録の提出

★★

　憲法に定める議院の国政調査権に関する記述として妥当なのは，次のどれか。

1　両議院は，内閣の不当な行為に関しては，それぞれ単独で調査を行うことができるが，違法な行為に関する調査は，両議院の意見が一致しなければこれを行うことはできない。

2　両議院は，国政調査権を行使するに当たっては，議院の議決により調査特別委員会を設置して，これに調査を行わせなければならず，各議院が自ら調査を行うことはできない。

3　両議院が，国政調査権に基づき，公務員に対して記録の提出を要求した場合には，それが職務上の秘密に関するものであっても，公務員は必ずそれを提出しなければならない。

4　両議院が，国政調査権に基づき，証人として出頭を求めたときには，何人もこれに応じなければならず，また，自己又は近親者が刑事上の訴追を受ける恐れがあることを理由として証言を拒むことはできない。

5　両議院は，国政調査に関して，証人の出頭及び証言並びに記録の提出を要求することができ，この三つの方法には強制力が認められているが，捜索，押収などの強制手段は認められていない。

| 正解チェック欄 | 1回目 | 2回目 | 3回目 | Ⓐ |

　憲法62条は，**国政調査権**について，「両議院は，各々国政に関する調査を行い，これに関して，証人の出頭及び証言並びに記録の提出を要求することができる」と定めている。国政調査権は，国会が，立法権その他の憲法上の権能を適切に行使するために，議院に与えられた補助的機能である。

1　誤り。国政調査権は，議院の機能として付与されたものであり，各議院は，それぞれ独自に，この機能を行使できる（憲法62条）。

2　誤り。両議院は，各々国政に関する調査を行うことができる（憲法62条）。国政調査権は，常に，議院自らが，行使しなければならないわけではない。委員会中心主義の下で，議院の議決によって，その常任委員会または特別委員会に付託して，行わせるのが通例である。つまり，既存の常任委員会か又は特別委員会を設けるかして調査をさせている（衆議院規則94条，参議院規則74条の3）。

3　誤り。本人又は当該公務所から「職務上の秘密」に関するものであることを申し立てたときは，当該公務所又はその監督庁の承認がなければ証言，書類提出を求めえないとされる（議院における証人の宣誓及び証言等に関する法律5条）。

4　誤り。国民は，自己帰罪的証言（自分自身に罪を押しつけるような証言）を拒否できる（同法4条）。

5　妥当。国政調査権は，各議院に与えられた権能である。国政調査のための手段として，国会法は，議員を派遣すること（103条），内閣，官公署その他から報告または記録を徴すること（104条）などを定めており，憲法は，強制的調査手段として，**証人の出頭・証言及び記録の提出**を規定している。これは，強制手段をこの3者に限り，これ以外の方法，たとえば，家宅捜索，物品の押収，逮捕などは，許されないものと解される。

正解　5

Q | 66　議院の権能（国政調査権）

★

国政調査権に関する記述として正しいのは，次のどれか。

1　国政調査権は，裁判所で係争中の事件について，裁判官の訴訟指揮又は裁判内容の当否を批判する調査をすることは許されないが，議院が裁判所と異なる目的から適正な方法で裁判所と並行して調査することは可能である。

2　国政調査権は，三権分立の建前から，行政権の行使が妥当・合法に行われているかどうかを調査することまで含まない。

3　国政調査権は，国政の全般にわたって広く調査することができる権能であるから，裁判所に係属中の事件も当然その対象となる。

4　国政調査権は，その行使にあたって証人の出頭を要求することができるが，正当な理由なく証人が出頭を拒んでも，現行法上刑罰を科することができない。

5　国政調査権は，国会の有する権能であって各議院が有するものではないから，その調査は各議院別々に行われることがあっても，調査結果を外部に表示する場合は，両議院の意思の一致を必要とする。

正解チェック欄	1回目	2回目	3回目	**A**

　両議院は国政に関する調査を行い。それに関し証人の出頭および証言ならびに記録の提出を要求できる（憲法 62 条）。立法はじめ国政に関する権限の有効な行使に必要な情報獲得のために調査を行う権限である（近年，**国民の知る権利への奉仕機能**が強調されて久しい）。

1　正しい。**並行調査**は，裁判に不当な影響を与えない手段と態様であれば認められ，可能である（日商岩井不正事件）。検察権との併行調査は，原則的に許容される。司法権の独立ないし刑事司法の公正に触れる危険性があると認められる場合（たとえば，①起訴不起訴についての検察権の行使に政治的圧力を加えることが目的と考えられるような場合，②起訴事件に直接関連ある捜査など公訴追行の内容を対象とする調査，③捜査の控訴に重大な支障をきたすような方法をもって行われる調査など）に限って例外的に国政調査権行使の自制が要請される（東京地判昭 55.7.24）

2　誤り。国会の権能が単に立法権に限られず，広く行政権にも及ぶと解されている。

3　誤り。裁判所に継続中の事件については，裁判官に不当な影響を与えるおそれがないとはいえず，国政調査権の行使は司法権の独立の原則に反するので許されない。

4　誤り。正当な理由なく，証人が出頭を拒んだ時には，法律（議院証言法）により一定の刑罰に処される。

5　誤り。「両議院は，各々国政に関する調査を行い」（憲法 62 条）となっているから各議院がそれぞれに有する権限である。

正解	1

67　両議院の協議会

★

　衆議院と参議院との議決が異なった場合における両議院の協議会に関する記述として正しいのは，次のどれか。

1　法律案の議決については，先議権を有する衆議院は，必ずしも両議院の協議会の開催を求める必要はなく，その出席議員の過半数で再び可決すれば，参議院の議決に対する優越が認められ，それが国会の議決となる。

2　予算の議決については，参議院は必ず両議院の協議会の開催を求めなければならず，そこで得られた成案は，両議院で再び議決されることはなくそのまま国会の議決となる。

3　条約の承認の議決については，衆議院先議の場合には衆議院が，参議院先議の場合には参議院がそれぞれ両議院の協議会の開催を求めなければならないが，その協議会で意見が一致しないときは，衆議院の議決が国会の議決となる。

4　内閣総理大臣の指名の議決については，衆議院が両議院の協議会の開催を求めた場合，参議院はこの開催要求を拒否することが認められているが，この場合には衆議院の議決が国会の議決となる。

5　国民投票のために提案される憲法改正案についての国会の議決については，両議院の協議会を開催しても意見が一致しない場合，先議権を有する衆議院が，総議員の3分の2以上の多数で再び可決すれば，それが国会の議決となる。

| 正解チェック欄 | 1回目 | 2回目 | 3回目 | Ⓐ |

1　誤り。法律案の議決の不一致については，両院協議会は任意的とし，必ずしも両院協議会の開催を求める必要はない。が，衆議院において法律案の再議決をする場合には，出席議員の3分の2以上の多数による表決が必要である（憲法59条2項）。

2　誤り。両院協議会で成案が得られたときは，協議会を求めた議院がまずこれを議し，他の議院に送付する。成案については，各議院とも可否を決しうるだけで，修正することは許されない（国会法93条）。

3　正しい。憲法61条（**条約の承認に関する衆議院の優越**）条約の締結に必要な国会の承認については，憲法60条2項の規定を準用する。

　　憲法60条2項（**予算議決に関する衆議院の優越**）予算について，参議院で衆議院と異なった議決をした場合に，法律の定めるところにより，両議院の協議会を開いても意見が一致しないとき，又は参議院が，衆議院の可決した予算を受け取った後，国会休会中の期間を除いて30日以内に，議決しないときは，衆議院の議決を国会の議決とする。

4　誤り。内閣総理大臣の指名については必ず両院協議会を開催する必要があり，両院協議会を開いても意見が一致しないとき，はじめて衆議院の議決が国会の議決となる（憲法67条2項）。なお，衆議院が指名の議決をした後，国会休会中の期間を除いて10日以内に参議院が指名の議決をしないときは，衆議院の議決を国会の議決とする（憲法67条2項）。

5　誤り。憲法改正案の発議の議決については，衆議院及び参議院のそれぞれの総議員の3分の2以上の賛成を必要とする（憲法96条）。

正解　3

Q 68 国会の臨時会又は特別会

★

国会の常会，臨時会又は特別会に関する記述として妥当なのは，次のどれか。

1 　常会は，毎年1回召集することとしているが，両議院一致の議決があれば，何回でもこれを召集することができる。

2 　常会は，毎年12月中に召集することを常例としており，いかなる場合もその会期は90日を超えてはならない。

3 　臨時会は，臨時の必要あるとき，又はいずれかの議院の総議員の4分の1以上の要求があったとき，内閣によりその召集が決定される。

4 　臨時会は，その会期は30日以内と定められており，いかなる場合も会期を延長することはできない。

5 　特別会は，いずれかの議院の総議員の3分の2以上の要求があったとき，内閣総理大臣によりその召集が決定される。

正解チェック欄	1回目	2回目	3回目	A

　国会の会期（議会が活動能力をもつ期間）を召集の原因に基づいて区別すると，**常会**（憲法 52 条），**臨時会**（憲法 53 条）及び**特別会**（憲法 54 条）の 3 種類がある。

　常会は，毎年 1 回召集され（憲法 52 条），毎年 1 月中に召集するのを常例とする（国会法 2 条）。また，会期の長さは，原則として 150 日とされている（国会法 10 条）。ただし，会期中に議員の任期が満限に達する場合には，その満限の日をもって，会期は終了するものとする，としている（国会法 10 条）。

　臨時会は，常会と常会の間の期間に，国会の活動が必要とされる場合に召集されるものをいう。①必要に応じて臨時に開かれる会期。召集の決定権は内閣にある（憲法 53 条前段）。ただし，②いずれかの議院の総議員の 4 分の 1 以上の要求があれば，内閣は，その召集を決定しなければならない（憲法 53 条後段）。また，③衆議院議員の任期満了による総選挙が行われたとき，又は，参議院議員の通常選挙が行われたときは，その任期の始まる日から 30 日以内に臨時会を召集する（国会法 2 条の 3・1 項，2 項）。次の特別会も含めて会期及びその延長は，両議院一致の議決で決定される（国会法 11 条，12 条）。

　特別会は，衆議院が解散されたときに，解散の日から 40 日以内に行われる総選挙の日から 30 日以内に召集される（憲法 54 条 1 項，国会法 1 条 3 項）。会期は，両議院一致の議決で定め，特別会及び臨時会にあっては 2 回まで延長できる。なお，常会にあっては 1 回までである（国会法 12 条）。

　上述のように，臨時会について，内閣は，国会の臨時会の召集を決定することができる。いずれかの議院の総議員の 4 分の 1 以上の要求があれば，内閣は，その召集を決定しなければならない（憲法 53 条）。以上のことから肢 3 が妥当である。

正解	3

Q 69　国会の権能

★★★

次の記述のうち，国会の権能に該当するものはどれか。

1　予算案の修正

2　国務大臣の任命

3　条約の締結

4　官吏に関する事務の掌理

5　恩赦の決定

正解チェック欄	1回目	2回目	3回目	Ⓐ

　国会は国権の**最高機関**および**立法機関**（憲法 41 条）として広汎な権能をもっている。それらは権能の性質によって，①立法に関する権能，②一般国務に関する権能，③財政に関する権能，④その他の権能に分けられる。

① 　立法に関する権能　ⓐ憲法改正の発議（96 条 1 項）ⓑ法律の制定（59 条）ⓒ条約の承認（73 条 3 号）

② 　一般国務に関する権能　ⓐ内閣総理大臣の指名（6 条，67 条 1 項前段）ⓑ弾劾裁判所の設置（64 条 1 項）

③ 　財政に関する権能　ⓐ租税の法定（84 条）ⓑ国費支出および債務負担行為の議決（85 条）ⓒ予算の議決（86 条）ⓓ予備費の支出（87 条）ⓔ皇室経費の議決（88 条）ⓕ決算の審査（90 条）

④ 　その他の権能　ⓐ国会の臨時会および特別会の会期を両議院一致の議決で定める（国会法 11 条），常会・臨時会および特別会の会期の延長「両議院一致の議決」による（同 12 条），国会の休会「両議院一致の議決」による（同 15 条）

1 　該当。予算（案）は内閣によって作成され，国会の審議・議決を受ける。国会は議決に際し，原案にあるものを廃除削減する修正（減額修正）はもとより，原案に新たな款項を設けたり，その金額を増加する修正（増額修正）を行うことができる。

　　現行法にも増減額修正を予想する規定がある（財政法 19 条，国会法 57 条の 3 ）。

2 　誤り。国務大臣の任命は，内閣総理大臣（憲法 68 条 1 項）である。

3 　誤り。
4 　誤り。いずれも内閣が行う（憲法 73 条 3 号， 4 号， 7 号）。
5 　誤り。

正解	1

Q 70　特別多数決を要する場合

★★★

　両議院の議事は，原則として「過半数」によって決せられるが，次の場合は特別多数議決が要求されている。このうち，各議院の「総議員の3分の2の多数決」を要するものはどれか。

1　憲法改正の発議をするとき

2　議員の資格争訟において議員の議席を失わせる判決をするとき

3　秘密会を開くとき

4　議員の除名の議決をするとき

5　参議院が異なる議決をした法律案について，衆議院が再議決するとき

正解チェック欄	1回目	2回目	3回目	Ⓐ

　表決に関して，憲法は多数決の原則を採用している。憲法は，原則として「出席議員の過半数（絶対多数）」主義をとっている（56条2項）。

　なお，過半数が得られず可否同数のときは，議長の決するところによる（56条2項）。

　過半数の原則に対する「憲法に特別の定めのある」例外として，次の5つの場合がある。

①　憲法改正の発議の場合（96条1項）

②　議員の資格争訟の裁判により議員の議席を失わせる場合（55条）

③　両議院の会議で秘密会を開く場合（57条1項但書）

④　両議院で議員を除名する場合（58条2項但書）

⑤　衆議院で法律案の再議決をする場合（59条2項）

　憲法改正の発議の場合には各議院の総議員の3分の2以上の特別多数を必要とする（96条1項）。その他の場合は出席議員の3分の2以上の多数を要する。

1　正しい。憲法改正の発議については，「各議院の総議員の3分の2以上の賛成で，国会が，これを発議し，国民に提案して承認を経なければならない」（96条1項）とされている。

2
3
4　誤り。いずれも出席議員の3分の2の多数決である。
5

正解　1

Q 71　65条（行政権は内閣に属する）の例外

★★

　憲法第65条には，「行政権は内閣に属する」と規定されているが，例外的に憲法自体が内閣から独立の国家機関として組織及び権限を規定し，その設置を認めているものは，次のうちどれか。

1　会計検査院
2　公正取引委員会
3　人事院
4　国家公安委員会
5　公害等調整委員会

Ａ

日本国憲法65条は、「行政権は内閣に属する」と述べ、その主体が内閣にあることを明言している。が、内閣は、唯一の行政機関ではなく、すべての行政権が内閣に属するわけでもない。ただ、内閣が最高の行政機関であるからといって、内閣のほかにも多くの行政機関が設置されているが、内閣は自ら一般行政事務を遂行するとともに、これらを指揮監督し統括するのである。

通常、国家行政組織法3条2項に基づき、府または省の外局として行政委員会が置かれている。

たとえば、総務省には、公害等調整委員会（公害紛争処理法3条、公害等調整委員会設置法）が、内閣府には公正取引委員会（独禁法27条2項）、国家公安委員会（警察法4条1項）、法務省には司法試験委員会（司法試験法12条）、厚生労働省には中央労働委員会（労働組合法19条の2）が置かれている。

公正取引委員会及び国家公安委員会は、内閣総理大臣の所轄のもとに置かれ、その他公害等調整委員会、司法試験委員会、中央労働委員会はそれぞれ、主任の大臣の「所轄」の下に置かれている。人事院だけは例外で、国家公務員法3条1項に基づき、内閣の機関として、「内閣の所轄の下」に置かれる。

なお、会計検査院はその性質上内閣から独立した行政機関である（会計検査院法1条）が、これは憲法自体によって規定（90条2項）されている。国の収入支出の決算の検査を行うとともに、常時会計検査を行うことを任務とする合議制の憲法上の独立機関で、その組織・権限などは、主として会計検査院法により定められている。

Q 72　内閣の組織・閣議

★★★

内閣に関する記述として妥当なのは，次のどれか。

1　内閣は，内閣総理大臣並びに各省大臣及び無任所大臣で組織され，国民に対して法律的責任を負い，閣議は多数決によることを原則とする。

2　内閣は，内閣総理大臣並びに各省大臣及び無任所大臣で組織され，国会に対して政治的責任を負い，閣議は全会一致を原則とする。

3　内閣は，内閣総理大臣及び各省大臣で組織され，国民に対して政治的責任を負い，閣議は3分の2の多数決によることを原則とする。

4　内閣は，内閣総理大臣及び各省大臣で組織され，国会に対して法律的責任を負い，閣議は3分の2の多数決によることを原則とする。

5　内閣は，内閣総理大臣並びに各省大臣及び無任所大臣で組織され，国民に対して政治的責任を負い，閣議は多数決によることを原則とする。

正解チェック欄	1回目	2回目	3回目	Ⓐ

1　誤り。内閣は国会に対し連帯責任を負い（憲法66条3項，内閣法1条2項），その責任は政治的責任である。また，閣議の議決は，原則として全員一致によることとされている。

2　妥当。内閣の構成員には，内閣総理大臣と国務大臣，そのなかには，省を所管する主任の大臣と，いわゆる無任所大臣（狭義の国務大臣）とがいる。

　　国会に対する責任の内容は，要するに質疑・質問その他の方法によって，政治的に不利益な批判を受けることを意味するものと解すべきものである。その最悪の場合が衆議院の不信任である。この場合には，内閣は，衆議院を解散しないかぎり，総辞職しなければならない（憲法69条）。このような責任は政治的責任である。

　　内閣がその職権を行うのは閣議による（内閣法4条）。閣議は，内閣の連帯責任性（憲法66条3項）にかんがみ，全員一致をもって行われなければならない。

3　誤り。内閣は，内閣総理大臣・各省大臣のほか，無任所大臣で組織されている（内閣法3条2項）。また，閣議は全員一致が原則である。

4　誤り。無任所大臣も含まれる。国会に対して政治的責任を負う。閣議は全員一致が原則である。

5　誤り。国会に対して政治的責任を負い，閣議は全員一致が原則である。

　　憲法が採用している内閣制度の特色は，①内閣を憲法上の機関とし，かつ行政権の主体としたこと（憲法65条），②国会との関係で，議院内閣制を採用したこと，③内閣における内閣総理大臣の首長的地位を確立したことである。

正解	2

Q | 73　内閣の組織又は活動

★★

　憲法における内閣の組織又は活動に関する記述として妥当なのは，次のどれか。

1　内閣は，内閣総理大臣及びその他の国務大臣で組織される合議機関であり，内閣において，内閣総理大臣は，首長としての権能を有さず，各国務大臣に対して同輩中の首席たる地位にとどまる。

2　内閣は，その首長たる内閣総理大臣及びその他の国務大臣で組織され，国務大臣の過半数は衆議院議員でなければならないが，この要件は，内閣の成立要件にとどまり，存続要件ではない。

3　内閣は，その職務を行うためには閣議を必要とし，閣議は持ち回りの方法では行うことができず，閣議の議決は，慣行として内閣の構成員の過半数の賛成を必要としている。

4　内閣は，内閣総理大臣を元首とし各国務大臣を構成員とする執行機関であり，その職務を行うためには閣議を必要とするが，閣議の議決は，内閣総理大臣を拘束するものではない。

5　内閣は，その首長たる内閣総理大臣及びその他の国務大臣で組織され，その職務を行うためには閣議を必要とし，閣議の議決は，慣行として内閣の構成員の全員一致の方法によっている。

正解チェック欄　1回目　2回目　3回目　**A**

1　誤り。憲法66条1項は，内閣総理大臣を「首長」(「くびちょう」とも読む) と明示している。首長とは，内閣において他の国務大臣の上位にあり，内閣の中核にある者を意味する。同輩中の首席たる地位にあったのは，明治憲法下における内閣総理大臣である。

2　誤り。国務大臣の過半数は，国会議員であればよく (憲法68条1項)，衆議院議員であることは要請されていない。また，国務大臣の過半数が国会議員であることは，内閣の存続要件でもあると解されている。

3　誤り。内閣がその職権を行使するには，閣議によらなければならない (内閣法4条)。閣議は，定例又は臨時に開かれるが，案件がそれほど重要でなく，しかも緊急の決定を要する場合には，持ち回りの方法で行うことも認められている。また，閣議の議決は，全員一致によることになっている。これは，内閣は国会に対し連帯して責任を負う (憲法66条3項) ものであるので，統一的行動が要求されるからである。

4　誤り。憲法上，「元首(げんしゅ)」という表現はなく，だれが元首であるかについて，学説上，争いがある。天皇とする説，内閣総理大臣とする説，存在しないとする説などがあり，結局は元首の定義いかんに帰する問題と考えられる。また，内閣総理大臣は，閣議で決定した方針に基づいて，行政各部を指揮監督する立場にある (憲法72条, 内閣法6条) ので，閣議の議決に拘束されると解される。

5　妥当。内閣は首長たる内閣総理大臣及びその他の国務大臣で組織される合議体 (憲法65条, 66条) で，統一体として行政権の行使に当たり，国会に対し連帯して責任を負う。したがって，**内閣がその職権を行うのは閣議**によるものとし，成文の議事規則はないが，その決定は全員の一致によるものとされ，また，秘密会議とされている。

正解　5

Q 74 内閣の法律執行

★★

内閣及び内閣総理大臣について述べた次のうち，正しいのはどれか。

1　閣議における内閣の意思決定は，原則として過半数の賛成による。

2　国務大臣の任命は，国会の承認を得て内閣総理大臣が行う。

3　内閣総理大臣は，予算を作成して国会に提出する権限を有する。

4　内閣は，法律の内容が憲法に違反すると判断した場合でも，その誠実な執行を拒むことはできない。

5　内閣総理大臣は，憲法上は他の国務大臣と対等であり，慣習的に内閣を代表するにすぎない。

| 正解チェック欄 | 1回目 | 2回目 | 3回目 | |

1　誤り。閣議における意思決定は，慣習により全会一致となっている。なお，**閣議**とは，内閣が意思決定を行うために閣僚全員で構成する会議である。内閣法は，「内閣がその職権を行うのは，閣議によるものとする」（4条）と定め，内閣の運営につき，閣議中心主義をとっている。日本国憲法の下では，いっさいの行政が内閣全体の責任において行われることになったことによる。

　したがって内閣は，憲法及び法律により内閣の職権とされているものを行うには必ず閣議によらなければならないほか，各省庁の所掌についても，その重要なものは閣議に付することができる。

　閣議は，内閣総理大臣が招集し，主催する（内閣法4条2項，3項）。**閣議は非公開であり，議決は全員一致**で行われる。

2　誤り。国務大臣の任命に，国会の承認は不要である（憲法68条）。

3　誤り。予算案を作成し，国会に提出するのは，内閣の権能である（憲法73条5号）。

4　正しい。国会が合憲として制定した法律であり，内閣は誠実に執行しなくてはならない（憲法73条1号）。

5　誤り。憲法上，内閣総理大臣は首長として位置づけられ（憲法66条1項），様々な権限が与えられている。

正解　4

Q 75　内閣の責任

★★

内閣の責任に関する記述のうち，妥当でないものはどれか。

1　内閣の行政権の行使についての責任の範囲は，およそ内
　閣の権能に属するすべての事項に及ぶべきものである。

2　国会が内閣の責任を追及するもののうち，最も強力な手
　段は，衆議院の不信任決議である。

3　内閣の責任は，国民に対しての責任であり，国政の一切
　の責任を負う。

4　天皇の国事行為が国政に関する権能という性質を有しな
　いのは，助言と承認を通じて内閣が実質的決定権を有する
　ためである。

5　内閣は，一体として国会に対して連帯責任を負う。

　日本国憲法下での内閣は，国の行政権を担当する機関（65条）であり，首長である内閣総理大臣及びその他の国務大臣で組織される合議体（66条1項）である。従って，行政権の行使については，一体としての責任を主権者・国民を代表する国会に対して負うことになっている（66条3項）。さらに特定の事項に関して，内閣の責任を明記する3条（天皇の国事行為に対する内閣の助言と承認）と87条1項の規定（予備費の支出）は，66条3項の規定対象に当然含まれる。

　国会が，内閣の責任を問う手段としては，議院における質疑・質問・国政調査などの方法がある。もっとも効果的な方法は，衆議院の内閣不信任の決議（69条）である。

1　妥当。内閣の責任の対象，すなわち責任の及ぶ範囲は，実質的概念としての行政作用でなく，形式的概念としての行政権，すなわち法に定められた内閣の権限のいっさいと解される。憲法73条の定める一般行政事務についてはもとより，天皇の国事行為に対する助言・承認についても，「行政権の行使」に当たるものとして，責任を負わなければならない。

2　妥当。上記リード部分の末尾の記述を参照。

3　妥当でない。理論上行政作用に属する事項についてであっても，内閣の権能の及ばない事項については責任を負わない。

4　妥当。天皇の国事行為については，内閣が実質的決定権を有する。そして天皇の国事行為の中に衆議院の解散が含まれているということは，解散について実質的決定権を有するのは内閣である。憲法7条3号は，そのことを表した規定である。また69条も，解散権を正面から規定してはいない。

5　妥当。内閣の責任は，連帯責任である（憲法66条3項，69条）。内閣の行為に対して，内閣を組織するすべての国務大臣が一体として責任を負うということは，議院内閣制の下で，内閣の一体性が保障されている（68条，70条）ことからの論理的帰結である。

| 正解 | 3 |

Q 76　内閣の総辞職

★★★

　憲法上内閣が直ちに総辞職しなければならないのは，次のど
の場合か。

1　衆議院で内閣不信任案が可決されたとき

2　内閣総理大臣が欠けたとき

3　憲法改正を発議するとき

4　予算案が国会で否決されたとき

5　国会議員たる国務大臣の全員が欠けたとき

| 正解チェック欄 | 1回目 | | 2回目 | | 3回目 | | |

　　内閣の総辞職とは，内閣を組織するすべての大臣が一斉にその職を去ることをいう。内閣の一体制・統一性を確保するための制度である。内閣は適当と考える場合に，自ら進んで自主的に総辞職をすることができる。内閣は，国会を背景として行政権を行うのであるが，国会と対立してその政策を遂行することができない場合や，閣内の統一を保持することができない場合などに内閣の総辞職が行われる。

　　ただし，次の場合には，**内閣は総辞職しなければならない**。㋑衆議院が不信任決議案を可決したり，信任決議案を否決したとき（10日以内に衆議院を解散しない限り─憲法 69 条），㋺内閣総理大臣が，死亡または辞職などの事由によって欠けたとき（憲法 70 条），㋩衆議院の解散または任期満了によって衆議院議員の総選挙が行われた後，初めての国会の召集があったとき（憲法 70 条）。

　　この第三の場合，内閣は国会を背景として組織され，衆議院の信任をその存続の要件としているので，衆議院が改選されたときは，その新しい基礎の上に新しい内閣を組織させるべきだからである。

　　総辞職をした内閣は，新たに内閣総理大臣が任命されるまで引き続きその職務を行う（憲法 71 条）。

1　誤り。解散か総辞職か選択の余地があり，前者の場合はいずれは総辞職しなければならないにしても，「直ちに」というわけではない。

2　正しい。内閣総理大臣が，死亡，失格，辞職などの事由によって欠けたときには，内閣は総辞職しなければならない（憲法 70条）。これは議院内閣制を示すもので，内閣が一体として存立する中心がなくなったのであるから，総辞職するのが当然である。

3　誤り。内閣の総辞職とはなんら関係がない。

4　誤り。この場合，総辞職する必要はない。

5　誤り。内閣総理大臣は，新たに国務大臣を任命すれば足り，総辞職するまでのことはない。

正解　2

Q 77 内閣総理大臣が訴追されたら

★★

憲法上，内閣の総辞職に関する記述として妥当なのは，次のどれか。

1　内閣は，内閣総理大臣が議院での懲罰により除名されて国会議員としての地位を失ったとき，又は内閣総理大臣が死亡したときは，総辞職をしなければならない。

2　内閣は，衆議院において内閣不信任の決議案が可決されたとき，又は内閣総理大臣を除く国務大臣の過半数が辞職したときは，総辞職をしなければならない。

3　内閣は，内閣総理大臣が国会議員の任期満了により国会議員としての地位を失ったとき，又は内閣総理大臣が在任中訴追されたときは，総辞職をしなければならない。

4　内閣は，衆議院において予算が否決されたとき，又は衆議院の解散による衆議院議員総選挙の後に初めて国会の召集があったときは，総辞職をしなければならない。

5　内閣は，内閣総理大臣を除く国務大臣の過半数が国会議員でなくなったとき，又は国務大臣のうち1人でも文民でなくなったときは，総辞職をしなければならない。

| 正解チェック欄 | 1回目 | 2回目 | 3回目 | | Ⓐ |

　内閣の総辞職とは，内閣総理大臣及び国務大臣のすべてがその職を辞することをいう。

　総辞職の効果は，①内閣は総辞職後の内閣となり，在職期間が新内閣総理大臣の任命までに限定されること，②国会は「他のすべての案件に先だって」新たな内閣総理大臣を指名することを義務づけられることである。

1　妥当。内閣は，自ら進んで辞職するほか，次の場合には，憲法の規定によって，総辞職をしなければならない。

　(1)　衆議院で内閣不信任案が決議され，10日以内に衆議院が解散されない場合（69条）

　(2)　新国会が召集された場合（70条）

　(3)　内閣総理大臣が欠けた場合（70条），死亡，失格，辞職などこの(3)に該当する。

2　誤り。衆議院で不信任の決議案が可決されるときであっても，内閣は，衆議院を解散するか又は総辞職するかのいずれかの選択をすることになる（憲法69条）。また，国務大臣の過半数が辞職した場合は，新たに任命すれば良いだけであって，直接総辞職の理由にはならない。

3　誤り。**内閣総理大臣が，在任中訴追**されたとしても，それだけで，国会議員の地位を失うものではないから，総辞職をする必要はない。

4　誤り。後段は正しいが，前段は誤り。後段は，条文通り（憲法70条）である。が，内閣提出の重要法律案や予算を否決しても，憲法69条にいう不信任決議には該当せず同条に定める法的効果は生じない。いずれにしても即総辞職という効果は出てこない。

5　誤り。このような事態になったときは，国会議員でない国務大臣を罷免し又は文民でなくなった国務大臣を罷免して，要件に合致するように後任の国務大臣を任命すれば足りる。

| 正解 | 1 |

Q 78　内閣の権限リスト

★★★

次のうち，憲法上内閣の権限とされているのはどれか。

1　国の収入支出の決算を検査すること

2　国務大臣の訴追に同意を与えること

3　参議院の緊急集会を求めること

4　憲法の改正を発議すること

5　裁判官を弾劾裁判所に訴追すること

| 正解チェック欄 | 1回目 | 2回目 | 3回目 | Ⓐ |

　　内閣の職務は，**行政の最高の政策を総合的に調整・決定する**ことで具体的な行政事務は，内閣の統括の下に府・省などが分担して行う。

① 法律の執行と国務の総理（73条1号）

② 外交関係の処理（73条2号）

③ 条約の締結（73条3号）

④ 官吏に関する事務の処理（73条4号）

⑤ 予算の作成と国会への提出（73条5号）

⑥ 政令の制定（73条6号）

⑦ 恩赦の決定（73条7号）

憲法は73条の他に，次の事務を内閣の権限事項として定めている。

① 天皇の国事行為に関する助言と承認——3条，6条，7条

② 立法府に関する権限——7条2号，54条2項但書，69条，72条前段

③ 司法府に関する権限——6条2項，79条1項，80条1項

④ 財政に関する権限——87条1項，90条1項，91条

1　誤り。国の収入支出の決算は，会計検査院の仕事である（90条1項）。

2　誤り。国務大臣の訴追（そつい）に同意を与えるのは内閣総理大臣である（75条）。

3　正しい。衆議院が解散され，しかも「国に緊急の必要があるとき」は，参議院は，**内閣の請求により，緊急集会を開く**こととされている（54条2項但書）。

4　誤り。憲法の改正の発議をするのは，国会が各議院の総議員の3分の2以上の賛成で発議する（96条1項）。

5　誤り。裁判官を弾劾（だんがい）裁判所に訴追するのは，各議院において，その議員の中から選挙された同数（各10人）の訴追委員によって構成された訴追委員会である（憲法64条，国会法126条，裁判官弾劾法5条1項）。

| 正解 | 3 |

Q 79　内閣の権能は多様

★★

次のうち内閣の権能でないものはどれか。

1　決算を国会に提出すること

2　参議院の緊急集会を求めること

3　予備費を支出すること

4　条約を承認すること

5　財政状況を報告すること

| 正解チェック欄 | 1回目 | 2回目 | 3回目 | |

1　内閣の権能である。憲法 90 条（決算検査，会計検査院）1 項
——国の収入支出の決算は，すべて毎年会計検査院がこれを検査
し，内閣は，次の年度に，その検査報告とともに，これを国会に
提出しなければならない。

2　内閣の権能である。憲法 54 条 2 項——衆議院が解散されたと
きは，参議院は，同時に閉会となる。ただし，内閣は，国に緊急
の必要があるときは，参議院の緊急集会を求めることができる。

3　内閣の権能である。憲法 87 条（予備費）1 項——予見しがた
い予算の不足に充てるため，国会の議決に基づいて予備費を設
け，内閣の責任でこれを支出することができる。これに基づき，
財政法 24 条は，当初予算に「予備費として相当と認める金額」
を組み込むことにしている。憲法 87 条 2 項——すべて予備費の
支出については，内閣は事後に国会の承諾を得なければならな
い。

4　条約の承認は国会の権能である。憲法 73 条（内閣の職務）3
号——条約を締結すること。ただし，事前に，時宜によっては事
後に，国会の承認を経ることを必要とする。

5　内閣の権能である。憲法 91 条（財政状況の報告）——内閣は，
国会及び国民に対し，定期に，すくなくとも毎年 1 回，国の財政
状況について報告しなければならない。

| 正解　4 |

Q 80 内閣の権能でも国会の承認が必要なもの

★★★

　憲法に定める条約に関する記述として妥当なのは，次のどれか。

1　条約は，内閣の指名に基づき天皇が任命する全権委員の調印によって締結される。

2　条約は，国会の批准した批准書を天皇が認証し，これを公布することによって国際法的に効力が確定する。

3　条約は，内閣がそれを締結する権能をもつが，事前に，時宜によっては事後に，国会の承認を経ることを必要とする。

4　条約は，その締結に際して国会の承認を得る必要があるが，その承認案件は，予算と同様に，先に衆議院に提出しなければならない。

5　条約は，その成立手続とともに内容についても裁判所の審査権の対象となり，違法と判断された場合は国際法上の効力を失う。

| 正解チェック欄 | 1回目 | 2回目 | 3回目 | A |

1　誤り。全権委員は，内閣が任命し，全権委任状を授け，全権委任状を天皇が認証する（憲法7条5号，国家公務員法2条3項，外務公務員法8条）。条約の締結には，通常，全権委任された者による条約文書への署名と内閣によるその批准（ひじゅん）を必要とする。

2　誤り。条約を批准（条約案文を審査して同意を与えその効力を確定する行為）するのは内閣である。条約の締結に際しては，国会の承認が必要である（憲法73条3号）。なお，天皇による公布は，効力には影響がない。

3　妥当。憲法73条3号の内容の通りである。

4　誤り。憲法61条は，条約の締結に必要な国会の承認について，予算の場合と同様，衆議院の優越を認めているが，先議権は認めていない。

5　誤り。条約の締結は高度の政治性を有する行為，いわゆる**統治行為**（政治問題の法理ともいう。）である場合が多く，その内容については司法審査にはなじまないものとされ，裁判所の審査権の対象外となる場合がある。条約に対して違憲判決が出ても，相手国の意思ともかかわるので，条約が直ちに国際法的に無効となるわけではない。

正解　3

統治行為（論）・政治問題（の法理）

　国家作用（国家機関の行為）はすべて司法審査に服（ふく）する（81条，98条1項）。が，法的判断が可能であっても，衆議院の解散のような「極めて政治性の高い国家統治の基本に関する行為」（最大判昭35.6.8苫米地事件）は，司法審査の対象とならない場合がある。これが統治行為（論）または政治問題の法理である。

Q | 81　臨時会の召集の決定

★★

内閣の権能に関する記述として妥当なのは，次のどれか。

1　内閣は，条約の締結を行うことができるが，条約の締結に対する国会の承認を得るにあたっては，先に衆議院の議決を経なければならない。

2　内閣は，大赦，特赦，減刑，刑の執行の免除及び復権を決定することができるが，決定にあたっては，事前に国会の承認を経なければならない。

3　内閣は，予備費を歳入歳出予算に計上することができるが，予備費の支出にあたっては，事前に国会の承諾を経なければならない。

4　内閣は，国会の臨時会の召集を決定することができるが，いずれかの議院の総議員の4分の1以上の要求があれば，その召集を決定しなければならない。

5　内閣は，最高裁判所判事を指名することができるが，指名にあたっては，事前に国会の承認を経なければならない。

| 正解チェック欄 | 1回目 | 2回目 | 3回目 | A |

1　誤り。条約の国会承認については，衆議院の議決が優越することが憲法で定められている（61 条）が，先議権は定められていない。憲法は**予算についてだけ**，まず衆議院に提出され，議決されなければならないという先議権を衆議院に認めている（60 条 1 項）。なお，一般的な議決の手続は国会法の規定事項である。

2　誤り。**恩赦**は内閣の権能（73 条 7 号）であり，その認証行為（行為・文書の存在や，行為・文書の記載が正当な手続きでなされていることを公に証明する行為をいう。日本国憲法上の「認証」は，天皇の国事行為の一種）は，天皇の権能（7 条 6 号）である。

3　誤り。予備費の支出は内閣の権能（87 条）に属する。

4　妥当。憲法 53 条（臨時会）の内容の通りである。

5　誤り。最高裁判所の長官は内閣の指名により天皇が任命（6 条）するが，最高裁判所判事は内閣の任命による（79 条）。

正解　4

恩赦

「大赦，特赦，減刑，刑の執行の免除及び復権を決定すること」（憲法 73 条 7 号）——これらを総称して恩赦という。恩赦は内閣によって決定され，その認証は天皇の国事行為に属せしめている（憲法 7 条 6 号）。恩赦は「政令恩赦」（大赦，減刑，復権の 3 種）と「個別恩赦」（特赦，減刑，刑の執行の免除，復権の 4 種）に大別される。「政令恩赦」は，国家の慶弔時時などに政令で対象罪種や刑の種類を定めて情状を問わず一律に行うものである。「個別恩赦」は，特定の者に個別的に審査したうえで行う。

Q 82　内閣及び内閣総理大臣の権能

★★★

　憲法に規定する内閣及び内閣総理大臣の権限のうち次のA〜Fをそのいずれに属するかによって分けた場合，その組合せとして正しいのはどれか。

A　法律及び政令に連署すること

B　予算を作成して国会に提出すること

C　予備費を支出すること

D　国務大臣の訴追に同意すること

E　大赦及び減刑を決定すること

F　国務大臣を罷免すること

	内　閣	内閣総理大臣
1	A，B，F	C，D，E
2	A，C，E	B，D，F
3	B，C，E	A，D，F
4	B，D，E	A，C，F
5	C，D，F	A，B，E

正解チェック欄	1回目	2回目	3回目	

憲法（関係法も含む）に規定する内閣および内閣総理大臣の権限

内閣の権限	内閣総理大臣の権限
一般行政事務 　①法律の執行と国務の総理（73条1号） 　②外交関係の処理（73条2号） 　③条約の締結（73条3号） 　④官吏に関する事務の処理（73条4号） ●⑤予算の作成と国会への提出（73条5号） 　⑥政令の制定（73条6号） ●⑦恩赦の決定（73条7号） **特別の事務** (1)　立法府に関する権限 　①国会の召集決定，参議院緊急集会の請求（54条2号但書） 　②国会への議案の提出（72条前段）（内閣法5条） 　③衆議院の解散の決定（69条） (2)　司法府に関する権限 　①最高裁判所の長たる裁判官の任命（6条2項） 　②最高裁判所の長たる裁判官以外の裁判官および下級裁判所の裁判官の任命（79条1項・80条1項） (3)　財政に関する権限 ●①予備費の支出（87条1項） 　②決算の国会への提出（90条1項） 　③国会および国民への財政状況の報告（91条） **その他** 　会計検査院の長の任命（会計検査院法3条）	●①国務大臣の任免（68条1項，2項） 　なお，内閣法9条・10条には内閣総理大臣あるいは主任の国務大臣が欠けた場合の臨時代理を指定可 ●②国務大臣の訴追の同意（75条） 　③内閣の代表としての諸権限 　○議案を国会に提出（72条） 　○一般国務及び外交関係について国会に報告（72条） 　○行政各部の指揮監督（72条） 　○主任の大臣間の権限疑義を閣議にかけて裁定する権限（内閣法7条） 　○行政各部の処分または命令を中止させ，内閣の処理を待つ（内閣法8条） ●　○法律・政令について，主任の国務大臣の署名に連署（74条） 　④主任の国務大臣（内閣府での長）として，法律・政令の署名（74条） 　⑤閣議の主宰（内閣法4条2項） 　⑥内閣総理大臣の異議（行政事件訴訟法27条）

上記項目の●印から，肢3が正しい。　　　　　　正解　3

Q 83 内閣総理大臣の権能

★★

憲法上，内閣総理大臣の権能に関する記述として妥当なのは，次のどれか。

1 内閣総理大臣は，国家元首として条約を締結する権能をもつが，この権能の行使に当たっては，事前に国会の承認を得なければならない。

2 内閣総理大臣は，国務大臣に対する訴追に同意する権能をもつが，この権能の行使は国会の会期中に限定されており，会期外においては行使できない。

3 内閣総理大臣は，他の国務大臣を任意に罷免できる権限をもつが，この権能は内閣総理大臣の専権に属するので罷免について閣議にかける必要はない。

4 内閣総理大臣は，行政各部を指揮監督する権能をもつが，この行政各部には人事院及び国家公安委員会は含まれないが会計検査院は含まれる。

5 内閣総理大臣は，政令を制定し公布する権能をもつが，この政令には法律の委任による委任命令は含まれないが法律を実施するための執行命令は含まれる。

正解チェック欄	1回目	2回目	3回目	Ⓐ

　内閣総理大臣の権能については，憲法，内閣法（4条2項（閣議），5条（内閣の代表），6条（行政各部の統括監督）など），国家行政組織法5条2項（行政機関の長），15条の2第4項（内閣総理大臣の必要な措置）），行政事件訴訟法27条（内閣総理大臣の異議）等々の法律によって多数定められている。憲法が直接定めているのは次の通りである。

　国務大臣の任免（68条），国務大臣の訴追に対する同意（75条），内閣の代表（72条），法律・政令の署名及び連署（74条），行政各部の指揮監督（72条），議院への出席・議案についての発言（63条）。

1　誤り。条約を締結する権限は内閣にある。これについては，事前に，時宜によっては事後に，国会の承認を経ることを必要とする（憲法73条3号）。

2　誤り。内閣総理大臣の国務大臣に対する訴追の同意については，国会の会期中という限定はない（憲法75条）。なお，議員の不逮捕特権（憲法50条）については，会期中に限定されている。

3　**妥当。憲法68条**の規定により首相の優越的地位が確立されている。このように憲法は首相の法的地位を定めたが，内閣法は内閣が基本的には合議制の機関であることを重視し，首相が行政各部を指揮監督するには，閣議にかけて決定した方針に基づかねばならないと規定し（内閣法6条），首相の独走を抑制している。

4　誤り。人事院は，内閣の所轄の下に設置される行政機関である（国家公務員法3条1項）。国家公安委員会は，内閣総理大臣の所轄の下に置かれる（警察法4条1項）。会計検査院は，内閣に対し独立の地位を有する（会計検査院法1条）。

5　誤り。政令は，内閣が制定し（憲法73条6号），内閣総理大臣が連署し（憲法74条），天皇が公布する（憲法7条1号）。

正解	3

Q 84　裁判官の任命及び再任

★

「最高裁判所の長たる裁判官は，　A　　の指名に基づいて
　B　　が任命し，最高裁判所の長たる裁判官以外の裁判官は，
　A　　でこれを任命し，　B　　が認証する。

　また，最高裁判所の裁判官の任命は，その任命後初めて行わ
れる　C　　の際国民の審査に付し，その後　D　　年を経過
した後初めて行われる　C　　の際更に審査に付し，その後も
同様とする。」

　上文の空欄A～Dにあてはまる語句の組合せとして妥当なの
は，次のどれか。

	A	B	C	D
1	国　会	内閣総理大臣	参議院議員の通常選挙	5
2	国　会	内閣総理大臣	衆議院議員総選挙	10
3	国　会	天　　皇	衆議院議員総選挙	5
4	内　閣	天　　皇	衆議院議員総選挙	10
5	内　閣	天　　皇	参議院議員の通常選挙	5

| 正解チェック欄 | 1回目 | | 2回目 | | 3回目 | | **A** |

　最高裁判所の長たる裁判官については，憲法 6 条 2 項及び裁判所法 39 条 1 項により，**内閣の指名**に基づいて，**天皇が任命**する。

　最高裁判所の長たる裁判官以外の裁判官については，憲法 79 条 1 項，同 7 条 5 号及び裁判所法 39 条 2 項，3 項により，**内閣が任命し，天皇が認証する**。

　したがって，A は内閣，B は天皇である。また，問題文の後段は，憲法 79 条 2 項の原文どおりであり，C は衆議院議員の総選挙，D は 10 年である。

正解　4

憲　　法

第 6 条
②　天皇は，内閣の指名に基いて，最高裁判所の長たる裁判官を任命する。
第 7 条　天皇は，内閣の助言と承認により，国民のために，左の国事に関する行為を行ふ。
　五　国務大臣及び法律の定めるその他の官吏の任免並びに全権委任状及び大使及び公使の信任状を認証すること。
第 79 条　最高裁判所は，その長たる裁判官及び法律の定める員数のその他の裁判官でこれを構成し，その長たる裁判官以外の裁判官は，内閣でこれを任命する。
②　最高裁判所の裁判官の任命は，その任命後初めて行はれる衆議院議員総選挙の際国民の審査に付し，その後 10 年を経過した後初めて行はれる衆議院議員総選挙の際更に審査に付し，その後も同様とする。

裁 判 所 法

第 39 条　（最高裁判所の裁判官の任免）　最高裁判所長官は，内閣の指名に基いて，天皇がこれを任命する。
②　最高裁判所判事は，内閣でこれを任命する。
③　最高裁判所判事の任免は，天皇がこれを認証する。

Q 85　裁判官の独立及び身分保障

★★

　憲法に定める裁判官の独立又は裁判官の身分保障に関する記述として妥当なのは，次のどれか。

1　裁判官は，独立してその職権を行使するが，司法行政の監督権が裁判官の裁判権に影響を及ぼし又はこれを制限することを妨げるものではない。

2　裁判官は，その職権の行使に当たり憲法及び法律に拘束されるが，この法律には，形式的意味の法律のみならず命令等の成文法や慣習法も含まれる。

3　裁判官は，その職務上の義務に著しく違反したときは，公の弾劾によって罷免されるが，罷免の訴追については，最高裁判所だけがこれを請求できる。

4　裁判官は，心身の故障のために職務を執ることができないと決定された場合には，罷免されることはないが，分限処分の対象となることは免れない。

5　裁判官は，非行により裁判官としての威信を著しく損なった場合には，懲戒処分の対象とされ，最高裁判所の内申に基づき内閣が処分を決定する。

| 正解チェック欄 | 1回目 | 2回目 | 3回目 | Ⓐ |

　裁判官の独立（憲法76条3項）及び裁判官の身分保障（憲法78条）は，**司法権の独立を実効性あるもの**にするためのものである。

　その意味で，裁判官の身分保障は，司法権の独立の原則に不可欠である。裁判官の身分が国会・内閣や政党その他の政治的・社会的勢力によって不当に左右されると，裁判官の職権の独立（憲法76条3項）が維持されないからである。

　また，司法権の独立も国民主権を保障するためのものである。

1　誤り。**司法行政の監督権**は，裁判官の裁判権に影響を及ぼし，又はこれを制限することはない旨規定されている（裁判所法81条（監督権と裁判権との関係））。

2　妥当。裁判官は形式的意味の法律だけではなく，命令，規則，地方公共団体の条例その他一切の成文法のほか，慣習法や判例法，すなわち実質的意味の法律にも拘束（こうそく）される。

3　誤り。裁判官の罷免（ひめん）の訴追（そつい）は，各議院においてその議員の中から選挙された同数の訴追委員で組織する訴追委員会がこれを行う（国会法126条，憲法64条，裁判官弾劾法2章）。

4　誤り。裁判官は，裁判により，心身の故障のために職務を執ることができないと決定された場合を除いては，公の弾劾（だんがい）によらなければ罷免されない（憲法78条前段）。「公の」とは国民の意思を根拠とするとの意味である。

5　誤り。裁判官の懲戒（ちょうかい）処分は，行政機関がこれを行うことができない（憲法78条後段）。

正解　2

司法行政の監督権

　司法機関である裁判所の人的・物的施設を設営，管理していく作用である司法行政（権）については，最高裁判所が最高監督権者として下級裁判所及びその職員を監督することとされている，この権限のことをいう。その監督のためにとられる訓令を発する等の措置のことを，司法行政監督上の措置といっている。

Q 86 裁判官の身分保障

★

　裁判官の身分保障に関する記述として妥当なのは，次のどれか。

1　裁判官は，裁判によって，心身の故障のために職務を執ることができないと決定された場合は罷免される。

2　裁判官は，職権を行使するに当たって最高裁判所の指揮命令に従わなかった場合は，最高裁判所長官による懲戒の対象となる。

3　裁判官は，職務上の義務に違反して内閣から懲戒処分を受けた場合又は国家財政上の理由による場合には，報酬を減額される。

4　裁判官は，国会の機関である弾劾裁判所において，裁判官としての威信を著しく失う非行があったと判定された場合は懲戒される。

5　裁判官は，最高裁判所の裁判官については任期があるが定年はないのに対し，下級裁判所の裁判官については任期はないが定年が定められている。

正解チェック欄	1回目	2回目	3回目	Ⓐ

1　妥当。憲法78条は，裁判官の身分保障を定めている。すなわち裁判官は，裁判所自身によって心身の故障のため職務を執ることができないと決定された場合，および公の弾劾による場合のほかは，罷免されることはない。前者の手続は「裁判官分限法」によって定められており，後者については「裁判官弾劾法」（37条）によって定められている。

2　誤り。**憲法76条3項は，裁判官の職権の独立**を定めており，裁判官は，具体的事件の裁判にあたっては，完全に独立してその職権を行い，他の何ものの指揮命令も受けず，拘束されない。裁判官の懲戒は，裁判手続によって行われる（裁判所法49条，裁判官分限法3条〜12条）。

3　誤り。裁判官の懲戒処分は，行政機関が行うことはできない（憲法78条後段）。懲戒は，戒告または1万円以下の過料に限られる（裁判官分限法2条）。国家財政上の理由により，公務員全体の俸給を減額する場合には，個々の裁判官の報酬の減額と異なり，司法権の独立を脅かすことにならないので，その減額は許されるとする学説がある。

4　誤り。**裁判官は，公の弾劾によって罷免**される（憲法78条前段）。それは，国会の訴追委員会の訴追に基づき，国会の両院議員で組織する弾劾裁判所によって行われる（憲法64条1項）。弾劾裁判所は，国会の機関ではなく，国会とは別な，独立の常設機関であって，国会閉会中も，その職務を行うことができる。

5　誤り。最高裁判所の裁判官は，任期はないが，70歳が定年である（憲法79条5項，裁判所法50条）。下級裁判所の裁判官は，10年の任期で任命され，再任されることができる（憲法80条1項）。その定年は，簡易裁判所の裁判官は70歳，その他の裁判官は65歳とされている（憲法80条1項但書，裁判所法50条）。

正解	1

Q 87　条例も違憲立法審査権の対象に

★★★

　憲法に規定されている違憲立法審査権についての記述として，適切なものは，次のうちどれか。

1　違憲立法審査権の対象は，「一切の法律，命令，規則又は処分」と規定しているが，この中には条例も含まれる。

2　最高裁判所のみが違憲立法審査権を有し，地方裁判所等下級裁判所には違憲審査をする権限はない。

3　具体的な争訟とは無関係に司法審査を行うことができる。

4　最高裁で違憲判決を受けた法令は，自動的に廃止される。

5　立法機関が自身の判断で，法律の合憲・違憲を決定するのは自己矛盾であり，そのためとくに裁判所に審査権をゆだねている。

| 正解チェック欄 | 1回目 | | 2回目 | | 3回目 | | A |

　憲法 81 条は，「最高裁判所は，一切の法律，命令，規則又は処分が憲法に適合するかしないかを決定する権限を有する終審裁判所である」と規定している。

1　適切。地方公共団体の条例・規則も含まれると解されている。憲法 81 条は，「一切の法律，命令，規則又は処分」が違憲審査の対象となるものとしている。これらは例示的な列挙であると解せられ，**裁判所は，原則としてすべての国家行為（公法行為）について違憲審査を行うことができる**。たとえば条例などは，81 条において違憲審査権の対象として明示されていないが，このような観点から違憲審査の対象をなすものとみることができる。

2　誤り。下級裁判所も違憲審査権を行使できるとされ，実際に行使されている（東京地裁伊達判決昭 34.3.30 砂川事件）。

3　誤り。裁判所は，具体的な事件について，訴訟が行われた場合にはじめて，その前提として必要な法令等の合憲性について審査を行う（最大判昭 27.10.8 警察予備隊違憲訴訟）。

4　誤り。違憲判決が下された法令の効力は，その訴訟事件に関してのみ効力を失うと解するのが通説である。

5　誤り。単にこれのみの理由だけではない。いかなる機関に，どの程度に国家行為の違憲の審査権を与えるかについては，大きく二つの型に分れる。一つは，立法者を信頼し，立法者自身に判断させ，他の機関が審査するのを許さない制度である。かつて，ドイツ，フランスその他のヨーロッパ諸国でこの制度が採られた。

　他の一つは，独立の審査機関を設ける制度で，これには更に政治的機関によるものと司法的機関によるものとの 2 種がある。

　後者は，さらに特別の憲法裁判所を設け，具体的な訴訟事件と関係なく，抽象的な審査を行うものと，通常裁判所が，具体的訴訟事件を裁判する前提とし，審査を行うものとがある。わが国の制度は後者に属している（付随的審査制）。

| 正解 | 1 |

Q | 88　下級裁判所も違憲審査権をもつ

★★★

　憲法に定める違憲立法審査権に関する記述として妥当なのは，次のどれか。

1　違憲立法審査権は，新たに成立した法律が憲法と適合しているかどうかについて，その公布前に裁判所が審査できる権限である。

2　違憲立法審査権は，具体的な事件の裁判にかかわらず，法律が憲法に違反しているかどうかについて，裁判所が審査できる権限である。

3　違憲立法審査権は，高等裁判所や地方裁判所にはその権限が認められておらず，最高裁判所にのみ認められた権限である。

4　違憲立法審査権は，法律が憲法に適合するかしないかを裁判所が審査できる権限であり，命令，規則又は処分については裁判所の審査の対象外である。

5　違憲立法審査権は，司法権の独立を前提として，憲法秩序を保障するとともに，国民の基本的人権を守るため，裁判所に認められた権限である。

正解チェック欄	1回目		2回目		3回目		Ⓐ

1　誤り。日本国憲法が採用した違憲立法審査制は，具体的な争訟に付随して，その具体的事件を解決するために行われるのである。法律の合憲性を確定すること自体を目的とするものではない。

2　誤り。日本の憲法で想定している**違憲立法審査は，実際の裁判事例（事件）をもとに行うもの**である。できた法律そのものに直接判断を加えることはない。

3　誤り。最高裁判所の違憲立法審査権のみが条文上はあげられているが，最高裁は，下級裁判所も違憲審査権をもつ理由として，憲法の最高法規制と裁判官の憲法尊重擁護義務を指摘している（最大判昭25．2．1食糧管理法違反事件）。

4　誤り。憲法81条には，「一切の法律，命令，規則又は処分」を審査権の対象としている。

5　妥当。司法権の独立は，近代憲法の基本原則の一つである。司法権の独立とは，裁判官が司法権を行使する場合に，いかなる国家機関・社会的勢力も，これに指示・命令を与え，もしくは実質的に影響を与えるような行為をしてはならないという原則のことであり，「裁判官の独立」（憲法76条3項）ともいう。

　　違憲審査制の導入は，憲法の保障を目的とする。憲法が国の最高法あるいは根本法（憲法98条1項）である以上，その憲法よりも下位にある法令その他のすべての国家行為は憲法に違反するものであってはならず，憲法に違反するものは無効でなければならないことは言うまでもない。

　　もし，そうでなければ，憲法の最高法規性は保障されないことになり，また国民の権利（基本的人権）はいくら憲法に明示していても実際には保障されないことになる。

正解	5

Q 89 違憲判決の効力（一般的効力説と個別的効力説）

★★

　憲法第81条に規定する違憲立法審査における違憲判決の効
力については一般的効力説と個別的効力説があるが，後者に関
する記述として妥当なのは，次のどれか。

1　この説によれば，他に明文の根拠がないにもかかわら
　ず，法令をすべての人に対して無効にするという消極的立
　法作用を裁判所に認めることになる。

2　この説によれば，違憲立法審査権の性格はいわゆる憲法
　裁判であり，したがって，裁判所に抽象的に法令の合憲性
　を判断する権限を認めることになる。

3　この説によれば，違憲立法審査の権限は，憲法上，最高
　裁判所のみに属し，下級裁判所はその権限を有しないこと
　になる。

4　この説によれば，違憲の判決を受けた法令は，当該事件
　及び当事者に対してのみ無効で，それ以外に対しては有効
　となり，平等原則に反することになる。

5　この説によれば，違憲立法審査の対象には，一切の法
　律，命令，規則又は処分のほか，条約も当然に含まれるこ
　とになる。

正解チェック欄	1回目	2回目	3回目	**A**

　ある法令が裁判所によって違憲判決を受けた場合，その法令の効力はどうなるかについて二つの見解（学説）がある。

　①違憲判決によってその法令の効力が一般的に失われるものとする「**一般的効力説**」と②違憲判決によっても法令の効力自体が失われるのではなく，単にその訴訟において違憲とされた法令がその事件に適用されることはないとする「**個別的効力説**」とである。

　学説の多数は，個別的効力説が妥当であるとしている。

1　誤り。裁判所に消極的立法作用を認めることとなるのは，一般的効力説である。つまり，一般的効力を認めることは，その法令の効力が一般的に失われることになるので，裁判所による一種の消極的立法作用となる。したがって，国会の「唯一の立法機関」性を害することになる。

2　誤り。最高裁が憲法裁判権──具体的な訴訟事件とは無関係に，法令等の違憲性を一般的・抽象的に審査決定する権限──を有するとする説は，論理必然的に一般的効力説と結びつく。

3　誤り。一般的効力説，個別的効力説のいずれをとるにしても，下級裁判所も違憲立法審査権をもつ。

4　妥当。個別的効力説は，違憲判決の効力は当該事件についてのみ生じ，法令そのものは依然として効力を有するものとする。したがって違憲の判決を受けた法令は，当該事件および当事者に対してだけ無効であり，それ以外には有効となるので，平等原則に反することになる。

5　誤り。違憲立法審査の対象に条約が含まれるか否かの問題と，違憲判決の効力の問題とは無関係である。なお，条約（の締結）は高度の政治性をもつ行為（統治行為，政治問題（の法理））である場合が多く，その内容については，司法審査になじまないものとされ，裁判所の審査権の対象外となる場合がある。

正解　4

Q 90 課税要件法定主義

★★

　租税法律主義の原則に関する記述として妥当なのは，次のどれか。

1　この原則は，租税の賦課徴収について，これを変更する場合以外には改めて議会の議決を要しないとする永久税主義を基礎としており，日本国憲法の下では毎年議会の議決を要する一年税主義を採用することはできない。

2　この原則には，内容の一つとして課税要件法定主義があるが，課税要件及び租税の賦課徴収に関する具体的，個別的定めについては，政令，省令に委任することが許される。

3　この原則には，内容の一つとして合法性の原則があるが，租税の減免や徴収猶予など租税負担者にとって有利になる措置については，法律の根拠に基づくことなく，通達によって行うことができる。

4　この原則は，租税の賦課徴収のしくみや方法を特別扱いする法律の制定を禁じており，政策上の目的をもって特定の企業や国民に対し租税の軽減や免除を行う立法措置をとることは認められない。

5　この原則は，国が収納する手数料，使用料などの租税以外の経済的公課についても適用されるが，法律上又は事実上国の独占に属する事業における専売価格や事業料金については適用されない。

| 正解チェック欄 | 1回目 | 2回目 | 3回目 | Ⓐ |

　憲法 84 条は，租税の新設および税制の変更は，法律の形式によって，国会の議決を必要とする，租税法律主義の原則を定めている。

1　誤り。憲法 84 条の「法律又は法律の定める条件による」から，永久税主義の原則に立つと解される。税制と課税権の行使とを区別した租税の賦課・徴収は，毎年議会の承認を要することも可能なため，一年税主義を排除しないと解される。

2　妥当。租税法律主義の最も重要な内容は，**課税要件法定主義**と呼ばれるもので，納税義務者，課税物件，課税標準，税率などの課税要件，および租税の賦課・徴収の手続が法律（地方税法など）で定められなければならないことを意味する。

　　しかし租税に関する事項の細目にいたるまで法律で定めることは実際的ではなく，命令への委任が認められないわけではない。**命令（政令・省令など）への委任**は，課税要件法定主義からすると，個別的・具体的でなければならない。

3　誤り。**通達**は，各大臣，各委員会・各庁の長がその所掌事務に関し，所管の諸機関や職員に示達する形式の一種で，法令の解釈や運用方針に関するものが多い。上級官庁が下級官庁に対し，法令の運用や取扱に関する準則や法令の行政的解釈の基準を示すのが示達の形式である。法律に基づかない通達による課税は，租税負担者に有利になる措置であっても租税法律主義に反する。

4　誤り。当然に法律に基づく政策的配慮は認められる。

5　誤り。租税とは，国が国民から無償で強制的に徴収する財貨をいうが，実質的に租税と同じように，国民の自由意思に基づかないで徴収されるもの，たとえば，特許料などの課徴金，煙草の価額の類を含み，租税法律主義の原則が及ぶとされている。この趣旨のもとに，財政法第 3 条は，「租税を除く外，……法律上又は事実上国の独占に属する事業における専売価格若しくは事業料金については，すべて法律又は国会の議決に基づいて定めなければならない」と規定している。

| 正解 | 2 |

Q 91　手数料・負担金・事業金

★★

租税法律主義に関する記述として妥当なのは，次のどれか。

1　租税法律主義は，狭義の租税にとどまらず，国が国権に
基づいて収納する課徴金や公益事業料金等についても適用
される。

2　租税法律主義は，一年税主義を定めるものであり，国会
の権限強化をもたらす永久税主義を定めるものではない。

3　租税法律主義は，租税の新設及び変更を必ず法律の形式
で行うことを要求するものであり，立法の委任はすべて許
されない。

4　租税法律主義は，租税に関する基本的内容を法律で定め
ることを意味し，課税要件や賦課徴収手続を法律で定める
ことまでは要求しない。

5　租税法律主義は，法律上課税できる物品が実際上は非課
税として取り扱われてきた場合，通達により当該物品を新
たに課税物件として取り扱うことは，通達の内容が法の正
しい解釈に合致しているものであっても違憲である。

正解チェック欄	1回目	2回目	3回目	Ⓐ

1　妥当。**租税とは**，「国又は地方公共団体が，一般的経費に充てるために国民から反対給付なく強制的に徴収する財貨」のことをいうが，それ以外にも，租税と同様に国民の意思に基づかないで定められ徴収されるものがある。

　　たとえば手数料（特許料などの課徴金・国公立学校の授業料・証明手数料など）や負担金（都市計画負担金など），そして国の独占にかかる事業の事業金（郵便料金など）がそれである。

2　誤り。憲法84条「あらたに租税を課し，又は現行の租税を変更する場合には，法律又は法律の定める条件によることを必要とする」の規定からは，現行憲法は**永久税主義を容認**したと考えられる。

　　ひとたび税法規が立法化されれば，変更される場合を除き改めて国会にかける必要はなく，ひき続き毎年租税を賦課・徴収できるわけである。

3　誤り。「法律又は法律の定める条件による」（憲法84条）と規定されていることから，政令，省令への委任については，概括的，白地的委任は許されないので，具体的，個別的委任であることを要すとされている。

4　誤り。「法律」による議決を要する事項は，納税義務者，課税物件，課税標準・税率等の課税要件と，税の賦課・徴収の手続である（最大判昭30.3.23）。

　　これによって，法的安定性ないし予測可能性が確保される。

5　誤り。**法律による課税**ではなく，行政庁の通達による課税が許されるかどうかについては，パチンコ球遊器事件（最判昭33.3.28）が先例として重要である。

　　最高裁は，パチンコ球遊器に対する課税が**通達**によって行われたものであっても，通達の内容が法の正しい解釈に合致するものであれば，憲法に違反することはないとした。

正解	1

Q 92 国の財政処理

★★

国の財政処理に関する記述として正しいのは，次のどれか。

1 国会の議決に基づいて予備費が設けられているときは，内閣の責任でこれを支出することができる。

2 あらたに租税を課し，又は現行の租税を変更するには，予算の形式による国会の議決を必要とする。

3 国が国費を支出するには，予算の議決のほか，国会による個々の議決に基づかなければならない。

4 公金を宗教上の団体の便益のため支出することは禁じられているが，国会の承認があれば許される。

5 国の収入支出の決算は毎年内閣がこれを検査し，次の年度にこれを国会に提出しなければならない。

| 正解チェック欄 | 1回目 | 2回目 | 3回目 | **A** |

1　正しい。**予備費の支出**は内閣の責任（憲法87条1項）で行われるが，国会の事後承諾（予備費支出後の初めての常会で国会の承諾を要する（憲法87条2項，財政法36条3項））は，その内閣の責任を解除する効果をもつのみで，承諾が得られなかった場合でも，既になされた予備費支出の法的効果には影響しない。

2　誤り。憲法84条は「あらたに租税を課し，又は現行の租税を変更するには，法律又は法律の定める条件によることを必要とする」と定めている。このように租税を賦課・変更するには，国会の制定した法律によらなければならない（租税法律主義）。

3　誤り。憲法85条は，「国費を支出し，又は国が債務を負担するには，国会の議決に基くことを必要とする」と規定している。この議決は法律の形式ではなく，**予算の形式**で行われる（憲法86条）。これを受けて財政法14条は，「歳入歳出は，すべて，これを予算に編入しなければならない」と定めている。

4　誤り。「公金その他の公の財産は，宗教上の組織若しくは団体の使用，便益若しくは維持のため，……これを支出し，又はその利用に供してはならない」。憲法89条前段のこの規定は，20条において明定した政教分離の趣旨を，改めて財政の側面から保障しようとするものである。

　　この規定は宗教団体を他の団体よりも不利益に取り扱うべきことを要請するものではない。たとえば，重要文化財の管理または修理に必要な補助金の交付（文化財保護法35条1項）などは，89条に違反しない。このように，国会の承認ではなく法律の根拠が必要である。

5　誤り。憲法90条1項「国の収入支出の決算は，すべて毎年会計検査院がこれを検査し，内閣は，次の年度に，その検査報告とともに，これを国会に提出しなければならない」との規定から，決算を検査するのは会計検査院である。なお，国会が決算を承認しない場合は，内閣の政治責任が生ずる。

| 正解 | 1 |

Q | 93 会計検査院の検査・報告

★

会計検査院に関する記述として正しいのは，次のどれか。

1　会計検査院は，国の収支決算の合法性及び政治的適確性に関する一般的な判定権限を有する。

2　会計検査院は，予算執行上の内閣の責任を明らかにし，検査報告として国会に提出する。

3　会計検査院は，毎年国の収入支出のすべてにわたって決算検査を行わなければならず，その例外は認められない。

4　会計検査院は，内閣に対し独立の地位を有する行政委員会であり，内閣の人事権は検査官には及ばない。

5　会計検査院は，憲法上の必置機関であり，その組織及び権限は政令で定められる。

正解チェック欄　1回目　2回目　3回目　Ⓐ

　憲法90条1項は，「国の収入支出の決算は，すべて毎年会計検査院がこれを検査し，内閣は，次の年度に，その検査報告とともに，これを国会に提出しなければならない」と規定している。

「国会に提出」するというのは，国会が提出された決算を審議し，それを認めるか否か議決することを要する，という趣旨である。もっとも両議院一致の議決は必要ではない。また，各議院の議決は決算の効力には関係ない。

　このように，**会計検査院は憲法上の機関である**（90条）。会計検査院の組織と権限は「会計検査院法」（昭和22）により定められている。会計検査院は，3人の検査官をもって構成する検査官会議と事務総局からなる（同法2条）。会計検査院は内閣に対して独立の地位を有するとされ（同1条），その独立性を保障するために検査官の身分保障その他が定められている（同4条以下）。会計検査院は国の収入支出の決算の確認，違法，不当な事項の有無などを含む検査報告を作成する（同29条）。

　このほか，会計検査院法その他の法律で認められる権限を有しており，たとえば，国が出資しているものや補助金等の財政援助を与えているもの等の会計についても検査を行うことができる。

1　誤り。会計検査院は，国の収入支出について，法的見地より，決算内容の合法性と的確性とを判断する。政治的見地からの批判は，国会が行う。

2　誤り。検査報告を提出するのは内閣である（憲法90条1項）。

3　正しい。明治憲法下では，政府の機密費に関する計算は会計検査院の検査に服しなかったが，現在ではそういう例外は認められていない。

4　誤り。検査官及び院長は，内閣がこれを任命する（会計検査院法3条，4条）。

5　誤り。会計検査院の組織及び権限は，法律（会計検査院法）でこれを定める（憲法90条）ことになっている。

正解　3

Q | 94 地方自治の本旨

★★★

憲法第 92 条に規定する地方自治の本旨に関する記述として妥当なのは，次のどれか。

1　地方自治の本旨は，団体自治及び住民自治の原理からなり，したがって，国から独立した地方公共団体は，自主自律的に直接間接に住民の意思により，地方の実情に即して地方行政を行うべきであるが，警察及び消防事務は例外とされる。

2　団体自治の原理は，地方行政が，国から独立した地方公共団体により，国の指導監督のもとに効率的に行われなければならないことをいい，処理されるべき事務の範囲は公権力の行使の性質をもたない固有事務及び委任事務とされる。

3　住民自治の原理は，地方行政が地方住民の自由意思に基づいて行われなければならないことをいい，地方公共団体の機関は住民の代表者で構成し，住民の意思が直接間接に反映されなければならないこととされる。

4　団体自治の意味における地方行政の民主化を保障するため，憲法は議決機関としての地方議会の議員及び執行機関としての地方公共団体の長の直接公選制を定めており，法律に定める場合を除いて例外は認めないこととしている。

5　地方自治の本旨に基づき現行憲法は，基礎的地方公共団体を設置する旨を定めているが，明治憲法は，府県制及び市制町村制について別に法律で定める旨を規定したにとどまった。

正解チェック欄	1回目	2回目	3回目	Ⓐ

　地方自治の総則的規定（指導原理）としての92条は，「地方公共団体の組織及び運営に関する事項は，地方自治の本旨に基いて，法律でこれを定める」としている。この法律とは，「地方自治法」をさす。

　地方自治が成立するためには，地方の政治行政がその地域の住民の意思に基づき自主的に行われること（住民自治），およびその地域には国から独立した団体が存在し国に対して自律権をもつこと（団体自治）という二つの要素が不可欠である。本条にいう「地方自治の本旨」とは，この二つの要素を車の両輪として形成される地方自治の理念型ということができる。

1　誤り。憲法が地方自治の本旨に基づく地方公共団体の運営を要請することとなったため，従来国の事務とされていた義務教育，警察・消防等の事務が国から地方公共団体に委譲されている。

2　誤り。「国の指導監督のもとに」というのは正しくない。また，憲法94条は，地方公共団体が行政事務を処理する権限をもつことを認めている。

3　妥当。地方的事務はその地方の住民の意思によって処理すべきであるとするのが「住民自治の原理」である。憲法は住民自治に関する規定として，93条，95条の二カ条を置いている。なお，このほかに地方自治法は住民の直接民主主義的制度を保障（条例の制定・改廃の請求，事務監査の請求，議会の解散請求，議員の解職請求，長の解職請求，主要公務員の解職請求など地方自治法・第5章・直接請求74条～88条まで）している。

4　誤り。地方公共団体の長及び議会の議員の選挙については必ず直接選挙によるべく，**間接選挙制**（選挙人が，国会議員，地方公共団体の長・議員などを直接選挙せず，これらを選挙すべき委員を選挙する制度），**複選制**（公務員も，別の選挙で選ばれた公務員によって選挙させる制度），法律に定める例外は認められない。

5　誤り。明治憲法は，地方自治について何ら規定するところがなかった。

正解	3

Q 95 地方自治に関する構想

★★

憲法に示されている地方自治に関する構想として妥当でないのは，次のどれか。

1 地方自治の一般的基本原則に基づく地方公共団体の自治権の尊重

2 地方自治特別法制定に対する住民投票による住民の意思の尊重

3 地方自治の一般的基本原則に基づく地方公共団体の機関の民主化

4 地方自治の一般的基本原則に基づき地方公共団体に対する国家関与の一切の否定

5 地方自治の一般的基本原則として地方自治の本旨に基づく地方自治の尊重

正解チェック欄	1回目	2回目	3回目	Ⓐ

　日本国憲法は,「地方自治」の一章を設け4カ条（92条〜95条）の地方自治に関する原則的規定を置いている。憲法92条は,「地方公共団体の組織及び運営に関する事項は,地方自治の本旨に基いて,法律でこれを定める」と規定し,地方自治の基本原則を明らかにしている。「**地方自治の本旨**」とは,一般に**住民自治と団体自治によって構成**されている。住民自治の原則は,93条で地方公共団体の議会の設置および執行機関の直接公選制による団体の機関の民主化を定めることによって,また団体自治の原則は,94条で地方公共団体の自治権を定めることによって,それぞれ具体化されている。

1　妥当。憲法92条（地方自治の基本原則）,93条（地方公共団体の機関,その直接選挙）,94条（地方公共団体の権能）の規定に照らし,問題のないところである。

2　妥当。憲法95条（一の地方公共団体のみに適用される特別法）から妥当である。

3　妥当。憲法93条により,権力分立,長その他一定の吏員の直接公選が認められている。

4　誤った内容。憲法92条で,地方公共団体の組織運営に関する事項は法律（地方自治法）で定めるものとされ,憲法は地方公共団体に対する国家関与を一切否定する立場に立っていない。現に次のような規定がある。立法機関による関与（憲法92条）を前提とし,地方公共団体に対する国又は都道府県の関与としては,次の行為が認められている（自治法245条）。①助言又は勧告,②資料の提出の要求,③是正の要求,④同意,⑤許可,認可又は承認,⑥是正の指示,⑦代執行,⑧協議の8種類である。関与の法定主義（245条の2）と基本原則（245条の3）により,上記①—⑧のうち,自治事務に関する関与は①・②・③・⑧の4つが,法定受託事務に関する関与は①・②・④・⑤・⑥・⑦・⑧の7つが原則的なものとされている。その他の具体的,個別的関与は,自治法245条3号に規定している。

5　正しい。憲法92条の内容（地方自治の基本原則）から妥当。

正解	4

Q 96 地方自治／憲法違反でないもの

★

　地方自治は憲法により保障されているところであるが，次の記述のうち，憲法違反でないものはどれか。

1　総務省令により，条例の所管事項の範囲を制限列挙する。

2　法律により，普通地方公共団体の長の選出方法をその地方議会による選任制にする。

3　法律により，普通地方公共団体の議会を二院制にする。

4　法律により，普通地方公共団体の長の選挙を記名投票制にする。

5　法律により，普通地方公共団体の条例制定権を否定する。

| 正解チェック欄 | 1回目 | 2回目 | 3回目 | A |

1　誤り。**地方公共団体の条例制定権は憲法94条で保障**するところであり，かつ地方自治の本旨を実現する建前からいっても，その規定事項は法律に違反しない限りにおいてできるだけ広範囲に及ぶべきものである。省令による制限は明らかに憲法に違反する。

2　誤り。普通地方公共団体の長は，その地方公共団体の住民が直接これを選挙することとされている（憲法93条2項）。

3　正しい。憲法93条は「地方公共団体には，法律の定めるところにより，その議事機関として議会を設置する」と規定している。この表現からみれば，法律により二院制にすることは憲法に違反しない。

4　誤り。憲法が保障する秘密投票の保障(15条4項)に反する。

5　誤り。普通地方公共団体の条例制定権は憲法によって保障された固有の権利（94条）であって，法律をもってそれを否定することはできない。

　　条例は，地方公共団体（自治体）が独自に制定できる法規であるため，国が定めた法律に違反しない限り，地域の実情に応じて自由に条例を制定することができる。条例は，法律との関係で「横出し」と「上乗せ」条例の二つに大別できる。前者は，国の法律で規制されていない範囲についても規制を広げるための条例（汚染物質など規制対象とするものを法律で定めている以外にも広げる）。後者は，国の法律と同じ規制対象について，規制の基準を厳しくするための条例である。

　　条例は当該自治体に限って適用されるが，ある自治体で制定された条例が他の自治体にも採用されたり，国レベルの法律の制定につながったりすることもある。前者の例：景観条例（金沢市）(1968年)・後者の例：情報公開条例（神奈川・埼玉・大阪・長野・東京）→情報公開法の制定（1999年）

| 正解 | 3 |

Q 97 一の地方公共団体のみに適用される特別法

★

憲法第 95 条は，一の地方公共団体のみに適用される特別法
制定に関する規定である。

次のうち，本条の趣旨として正しいのはどれか。

1 地方公共団体の自治権の保障と無記名投票制の確立

2 地方公共団体相互の平等性の確保と国の後見的監督の是
 認

3 地方公共団体の機関の民主化と団体自治の実現

4 地方公共団体相互の平等性の確保と民意の尊重

5 地方公共団体の自治権の保障と国会単独立法の原則の確
 立

正解チェック欄	1回目	2回目	3回目	A

　憲法95条（一の地方公共団体のみに適用される特別法）とは，特定の地方公共団体の組織・運営・権能について一般の地方公共団体と基本的な違いをもたらすような内容をもつ法律，として理解される。この一つの地方公共団体にのみ適用される法律が一般の法律と違い，国会の議決のほかに特にその地方公共団体の住民の投票を必要とする旨を定めているものであり，民意の尊重をはかっている。

　このような特別法は，かならずしも一つの地方公共団体のみに対して認められることではない。二つ又はそれ以上の数の地方公共団体に対して認められる場合もあり得る。ということで地方公共団体相互の平等性の確保をはかっている。

1　誤り。無記名投票制の確立がその趣旨ではない。

2　誤り。国の後見的監督の是認が正しくない。

3　誤り。機関の民主化をその趣旨としていない。

4　正しい。**憲法95条は，国会単独立法の原則の例外**である。この「地方自治特別法についての住民投票」は，地方公共団体の住民の意思を尊重し，地方公共団体の実質的平等を保障しようとするものである。したがってそれぞれ，「住民自治」，「団体自治」の観点に対応する。これまで，「広島平和記念都市建設法」昭和24（1949）年，「長崎国際文化都市建設法」昭和24年等がある。昭和30年以降，住民投票が行われた例はない。

5　誤り。国会単独立法の原則の確立が正しくない。

正解　4

Q 98 国会単独立法の原則の例外

★★

憲法第95条に規定する「一の地方公共団体のみに適用される特別法」に関する記述として正しいのは，次のどれか。

1 この特別法は，その適用の対象がただ一つの地方公共団体であることは必ずしも要件ではなく，複数の特定した地方公共団体を対象としそれらに適用される法律も含まれる。

2 この特別法は，適用される地方公共団体に特別の利益を与えることを内容とするものに限られており，特定の義務や不利益を課すにすぎない法律は含まれない。

3 この特別法の制定にあたっては，地方公共団体の個性を尊重し，平等権を保障する趣旨から，適用される地方公共団体の住民の投票において，その全員の同意を得なければならない。

4 この特別法の制定にあたって必要とされる住民投票は，当該法律が有効に成立するための要件ではないが，地方自治の本旨に従い，必ず国会の議決の前に実施されなければならない。

5 この特別法は，適用される地方公共団体の地域で行われる国の行政事務に関するものであり，当該地方公共団体そのものの組織，運営及びその権能に関する法律は含まれない。

正解チェック欄 | 1回目 | 2回目 | 3回目 | Ⓐ

憲法 95 条の立法趣旨として，次の点が指摘できる。

①国の特別法による地方自治権の侵害の防止，②地方公共団体の個性の尊重，③地方公共団体の平等権の尊重，④地方行政における民意の尊重の 4 点である。その中心は①であるといわれている。

1　正しい。「一の地方公共団体」というのは，実際にその法律の適用される地方公共団体が一つである必要はなく，「特定の」という意味である。たとえば旧軍港市転換法（昭 25）は，旧軍港のあった横須賀，呉，佐世保，舞鶴の四市に適用されるものであるが，地方自治特別法に該当するものとして住民投票に付された。

2　誤り。「一の地方公共団体のみに適用される特別法」とは，地方公共団体について，一般的，原則的な制度を定めている既存の法律に対し，新たに特別的，例外的な制度を設ける法律をいい，その内容が，利益を与えるものか，不利益を課すものかは問わない。

3　誤り。**住民投票による過半数の同意**が必要である（憲法 95条）。過半数の同意を得なければ，国会はこれを制定することができない。

4　誤り。住民投票は国会の議決の後に行う。住民投票により過半数の同意が得られたときに，さきの国会の議決が確定して法律となる（国会法 67 条）。

5　誤り。憲法 95 条は，アメリカ諸州の憲法の影響を受けて成立したものであるが，ここでいう特別法とは，特定の地方公共団体の組織及び運営に関する基本的事項について，一般の地方公共団体と異なった取扱いを定める法律と解されている。

正解　1

Q 99 憲法の改正及び変遷

★★

憲法の改正及び憲法の変遷に関する記述として妥当なのは，次のどれか。

1 憲法の改正は，特に硬性憲法である場合に行われやすいが，憲法の変遷は，特に軟性憲法である場合に起こりやすい現象である。

2 憲法の改正は，無意図的かつ長期的な形で憲法に変更を加えるものであるが，憲法の変遷は，意図的かつ一時的な方法で憲法が変更されるものである。

3 憲法の改正は，成文憲法に限って行われるものであるが，憲法の変遷は，不文憲法に限って起こりうる現象である。

4 憲法の改正は，憲法のある条項を一時的に停止することであるが，憲法の変遷は，憲法の基礎となっている憲法制定権力を排除することである。

5 憲法の改正は，憲法の条項を修正，削除又は追加することであるが，憲法の変遷は，憲法の条項のもつ意味が変化することである。

正解チェック欄	1回目	2回目	3回目	Ⓐ

「憲法の変動」には、「憲法の改正」と「憲法の変遷」とがある。

1 誤り。憲法の改正は、軟性憲法である場合に起こりやすいし、憲法の変遷は、硬性憲法である場合に行われやすい。なお、通常の法律の改正と同じ手続で改正できるのが軟性憲法であり、改正に特別な手続を必要とするものを硬性憲法という。

2 誤り。**憲法の改正**は、意図的かつ一時的な方法で憲法が変更されるものである。一方、**憲法の変遷**は、無意図的かつ長期的な形で憲法に変更を加えるものである。

3 誤り。「憲法の改正」も「憲法の変遷」も、ともに成文憲法についてなされるものである。

4 誤り。「憲法制定権力」とは、「憲法を制定する権力」で国家の政治のあり方についての具体的な基本原則を規定する権力をいう。その実体は、国民の権利としていかなるものを定めるべきか、またそれを保障するためにいかなる統治機構ないし統治作用を規定すべきかなど、社会的正義に基づく具体的内容を判断・決定する政治的意思である。したがって、それは、立法権・行政権・司法権などの「憲法によって与えられた権力」とは次元を異にするのである。

5 妥当。「憲法の改正」は、憲法に規定された改正手続（96条）によって、憲法典中の個別的条項に削除・修正・追加を行ったり、または法典外に別に法条を設けて既存の条項を修正したり増補することである。

　一方、「憲法の変遷」とは、法律、裁判所の判決、あるいは慣習などにより、憲法の条項がもつ規範的意味内容に変更を生ずることをいう。特に顕著なのは裁判所の判決による場合である。憲法の条項の文字はそのままであるという点で、憲法改正と区別される。

正解	5

Q 100 憲法の改正

★★★

憲法に定める憲法改正に関する記述として妥当なのは，次のどれか。

1 憲法改正は，国会の審議を経なければならないが，改正案の国会への提出権については，憲法上明文をもって衆議院及び参議院の議員に専属すると規定されており，内閣は提出権を有しない。

2 日本国憲法は，憲法の安定性と可変性を両立させる観点から，憲法の改正手続きを定めつつ，その改正の要件を厳格にしている。憲法改正は，①各議院の総議員の3分の2以上の賛成による国会の発議，②国民投票における過半数の賛成による国民の承認，③天皇の公布という三つの手続きを経て行われ，国民投票に関する具体的な手続き法も定められている。

3 憲法改正は，国民投票による国民の過半数の賛成によって成立し，一般の法律の公布と同様に，天皇は天皇の名においてこの憲法と一体を成すものとして直ちに公布する。

4 憲法改正は，国の最高法規の改正であるため，改正憲法は最も強い形式的効力をもち，その施行と同時に，これに抵触する条約及び法律は具体的裁判の違憲判決をまたずにその効力を失うと憲法に規定されている。

5 憲法改正は，国民主権の原理については改正できないという内在的制約があるが，憲法改正の手続規定は憲法の基本原理とは関係がないため，その改正には限界がない。

正解チェック欄	1回目	2回目	3回目	Ⓐ

1 誤り。憲法の改正は国会の発議により国民に提案して，その承認を得なくてはならない（憲法96条1項）が，**改正案の国会への提出権**については，憲法上明文の規定がなく学説上争いのあるところである。国会が唯一の立法機関であるという建前から，内閣に法律案の提出権を認めない学説は，この問題についても消極的に解している。

　内閣の法律案提出権を認める立場からは，憲法改正案についても，提出権を否定していない。

2 妥当。憲法96条1項の内容の通りであり，また「日本国憲法の改正手続きに関する法律」（平19年5月18日　最終改正平28年12月2日）も定められている。

　本法によれば，有効投票総数（憲法改正案に対する賛成投票数及び反対投票数の合計）の過半数（手続きに関する法律126条1項・98条2項）となっている。

3 誤り。憲法改正は，国民の過半数の賛成で成立し，この場合天皇は，国民の名で，この憲法と一体を成すものとして直ちに公布する（憲法96条2項）としている。

　国民の名で公布するのは，憲法改正が主権の存する国民の意思によることを明らかにする主旨である。

4 誤り。改正された憲法と，既存の条約及び法律の効力関係についての明文の規定はない。

5 誤り。通説は，憲法改正による国民主権の原理の改正はできないと解するとともに，改正手続規定についても，憲法制定権力が憲法典成立以後法的に行為し得る唯一の行為基準であるから，改正手続の実質に触れる改正（たとえば国民投票を廃止することなど）はできないと解している。

正解	2

Q 101 憲法を尊重し擁護する義務

★★

　憲法第99条は「天皇又は摂政及び国務大臣，国会議員，裁判官その他の公務員は，この憲法を尊重し擁護する義務を負ふ。」旨，規定しているが，本条の説明として正しいのは，次のどれか。

1　本条に国民をあげていないのは，明治憲法の規定を踏襲したものにすぎず，制定者である国民が，憲法を擁護するのは当然であることによる。

2　「その他の公務員」とは，就任に際し憲法擁護の宣誓を義務づけられている国家公務員および地方公務員に限定されている。

3　「擁護する」とは，憲法違反に対して抵抗し，憲法の実施を確保するために努力することをいうのであるから，公務員が憲法改正を唱えることは本条の義務に反する。

4　本条は，天皇に対しても義務を明言しているから，この義務違反に対しては当然責任が生じ，天皇無答責の例外をなしている。

5　公務員が本条に定める義務に違反した場合は，直ちに，本条により法律的制裁が加えられることはないが，国家の根本法を侵犯することにより何らかの責任が生ずる。

正解チェック欄	1回目	2回目	3回目	

1 誤り。「明治憲法の規定を踏襲したものにすぎず」の部分が誤りである。**明治憲法の上諭**（憲法・皇室典範・法令・条約など天皇の行為として制定・改正されたものの冒頭に天皇のことばとして記された文章）は**現行憲法の上諭**（法的には意味のない単なる前書き，公布文のこと）と異なり，憲法の構成部分であり，そこには，国民の憲法遵守義務を定めていた。憲法99条が一般の国民を尊重義務の主体としなかったのは，①国民は憲法の制定者であり，あえて義務者とするには当たらないこと，②公務員は現実に公権力を行使する主体であり，その行為には常に違憲の権力行使への契機をはらんでいるからである。

2 誤り。「その他の公務員」とは，就任の際に宣誓を義務づけられる国家公務員，地方公務員に限定されず，広く公務を執行する職務を有する者を指すと解するのが通説である。

3 誤り。憲法改正は，憲法自身がその可能性を認めている事柄でもあり，公務員が憲法の定める手続にのっとった改正を主張することは，何ら本条に反するものでない。しかし，憲法の改正手続を無視した憲法の変更（憲法の破壊）を主張し，またはそれを行うことは，本条に反する。

4 誤り。天皇が本条に規定する義務に違反した場合，すくなくとも政治的責任を生ずるが，この責任は内閣が負うものと解される。本条による天皇の義務は天皇無答責の原則の例外ではない。

5 正しい。本条に規定する公務員の義務は，法律的義務というよりも，むしろ**倫理的・道徳的義務**と解され，その違反に対して，直ちに本条により法律的制裁を加えられることはない。しかし，国家公務員法等の法律により，本条違反の場合に法律上の制裁を加えている例は多く，公務員の懲戒事由（国家公務員法82条，地方公務員法29条）や裁判官の弾劾事由（裁判官弾劾法2条）などがある。

正解　5

頻出ランク付・昇任試験シリーズ1

憲法101問〈第1次改訂版〉

平成 7 年10月 1 日	初版発行
平成30年 6 月25日	第 1 次改訂版発行
令和 6 年 7 月23日	5 刷発行

編著者　地方公務員
　　　　昇任試験問題研究会

発行者　佐久間重嘉

千代田区飯田橋 1-9-3（編集）☎ 03（3261）1112
学陽書房　　　　　　　（営業）☎ 03（3261）1111
http://www.gakuyo.co.jp/

Printed in Japan

DTP 制作／文唱堂印刷　印刷／精文堂印刷　製本／東京美術紙工
ISBN 978-4-313-20711-0　C2332

乱丁・落丁本は送料小社負担にてお取り替えいたします